RELAÇÕES PRODUTIVAS, CARREIRAS DE SUCESSO

RELAÇÕES PRODUTIVAS CARREIRAS DE SUCESSO

7 Estratégias para Construir Conexões Profissionais Mais Sólidas

JAN YAGER, Ph.D.

Tradução
CARLOS AUGUSTO LEUBA SALUM
ANA LUCIA DA ROCHA FRANCO

Editora
Cultrix
SÃO PAULO

Título original: *Productive Relationships*.

Texto de acordo com as novas regras ortográficas da língua portuguesa.
1ª edição 2012.

Em alguns casos, para preservar a identidade dos entrevistados que pediram o anonimato, foi usado um nome fictício.
As citações completas de livros e artigos mencionados neste livro estão na Bibliografia Selecionada.

Coordenação editorial: Denise de C. Rocha Delela e Roseli de S. Ferraz
Preparação de originais: Roseli de S. Ferraz
Revisão: Claudete Agua de Melo
Diagramação: Fama Editoração Eletrônica

Dados Internacionais de Catalogação na Publicação (CIP)
(Câmara Brasileira do Livro, SP, Brasil)

Yager, Jan
Relações produtivas : carreiras de sucesso / Jan Yager ; tradução Carlos Augusto Leuba Salum, Ana Lucia da Rocha Franco. — São Paulo : Cultrix, 2012.

Título original: Productive relationships.
Bibliografia
ISBN 978-85-316-1210-7

1. Comunicação empresarial 2. Clientes - Contatos - Administração 3. Serviço ao cliente 4. Sucesso em negócios I. Título.

12-12047 CDD-650.13

Índices para catálogo sistemático:
1. Clientes : Contatos : Administração 650.13

Direitos de tradução para o Brasil
adquiridos com exclusividade pela
EDITORA PENSAMENTO-CULTRIX LTDA.
Rua Dr. Mário Vicente, 368 — 04270-000 — São Paulo, SP
Fone: (11) 2066-9000 — Fax: (11) 2066-9008
E-mail: atendimento@editoracultrix.com.br
http://www.editoracultrix.com.br
que se reserva a propriedade literária desta tradução.
Foi feito o depósito legal.

Sumário

Introdução

A supervisora de Brian o considerava o "cara". Fosse qual fosse o problema, era Brian que ela chamava. *Designer* de uma empresa global de serviços financeiros, Brian produzia elementos visuais provocantes e persuasivos para qualquer produto de marketing. Conseguia criar qualquer coisa e fazê-la se destacar, de um folheto motivacional de recrutamento à capa da revista interna dos funcionários. Uma vez, a chefe se referiu a ele como "o melhor *designer*" com quem já tinha trabalhado.

Então, um dia, houve uma reestruturação e Brian teve de se reportar a uma nova chefe. A nova chefe não era aberta e amistosa como a outra. Prática e concisa, não conseguiu apreciar o senso de humor e a natureza tranquila de Brian, que não pôde deixar de notar que ela não se sentia nem de longe cativada por ele ou pelo seu trabalho como sua ex-supervisora. As suas atribuições continuavam as mesmas, mas de repente nada do que criava era aceito. Depois de algumas semanas ouvindo que os seus projetos, antes tão admirados, "precisavam ser trabalhados" ou que era para "continuar tentando", ele foi chamado à sala de sua supervisora, que lhe informou que estava sendo dispensado. "Não está funcionando", disse ela a um Brian um tanto chocado.

Ele não conseguia acreditar! Como era possível que o seu trabalho tão bem conceituado se tornasse inaceitável de repente?

A questão não era o trabalho de Brian. Com a antiga chefe, ele tinha uma relação aberta e positiva, mas não havia afinidade e nem boa-vontade entre ele e a nova supervisora. Brian não percebeu em tempo que precisava cultivar uma relação cordial com a nova chefe porque do contrário a percepção que ela tinha do seu trabalho sofreria. Pressupôs que o seu trabalho, antes tão bem considerado, falaria por si só. Pressupôs também que teria automaticamente com a nova supervisora uma relação tão forte quanto tivera com a anterior. Será que se tivesse tentado cativá-la as coisas teriam sido diferentes? Infelizmente, Brian nunca saberá.

Não É Só o *Que* e *Quem* Você Conhece — é Como Você se Relaciona com os Outros!

Provavelmente você já ouviu alguém dizer que, quando se trata de sucesso profissional, o importante não é só *o que* você conhece, mas *quem* você conhece. A experiência de Brian revela um terceiro componente: o importante é como você se relaciona com os outros. Foi porque Brian não conseguiu construir uma relação sólida com a nova supervisora — e não pela qualidade do seu trabalho — que ele perdeu o emprego.

Para ser bem-sucedido no mundo profissional de hoje, você precisa saber navegar pelo campo minado das relações no local de trabalho e nos negócios em geral. É essencial aprender a deslindar essas interações humanas geralmente complexas para conseguir um emprego ou para manter o atual — para chegar ao topo, nem se fala. Você tem que discernir os gatilhos ocultos que podem disparar trocas verbais capazes de arruinar a sua carreira. E tem que se acostumar a decifrar os indícios que lhe mostrarão se está no lado errado das políticas do escritório. Mesmo que seja empresário ou *freelancer*, você precisa aprender a se relacionar com os clientes, embora não trabalhe todos os dias num escritório tradicional.

Hoje em dia, dois conceitos divergentes complicam as coisas no local de trabalho: o alto grau de competitividade e a ênfase no trabalho de equipe. Em cada um deles há fatores que influenciam a sua capacidade de construir relações. Organizações que alimentam a competição tornam mais difícil a formação de vínculos duráveis entre os funcionários, que precisam competir entre si. No entanto, você precisa de conexões construtivas para sobreviver (e prosperar) no trabalho e nos negócios.

Por outro lado, se as empresas enfatizam cada vez mais o trabalho em equipe, é cada vez mais provável que você se veja diante de uma avaliação de desempenho de 360 graus. Você será julgado não apenas pelos seus superiores, mas pelos que estão abaixo e no mesmo nível que você. Construir relações é agora um esforço ainda mais complicado, já que somos pressionados a nos conectar positivamente em várias direções.

Resultado: saber se relacionar nos ambientes de trabalho e aprender a lidar mais efetivamente com relações negativas ou prejudiciais é essencial para o seu sucesso, seja qual for a sua carreira. Considere estas situações:

- Você foi promovido e está se perguntando como manter a amizade que desenvolveu com os antigos colegas, embora esteja agora na posição de supervisor.
- Você acha que um dos seus colegas está tentando sabotá-lo, mas precisa de ajuda para identificar os sinais.
- Você estava seguro no emprego que tem há dez anos, mas soube que haverá uma demissão em massa caso um determinado número de funcionários não aceite voluntariamente uma aposentadoria antecipada. Você não sabe o que fazer.
- Você já perdeu o emprego e precisa mais do que nunca fazer contatos para encontrar um novo emprego num mercado de trabalho desfavorável.
- Você acabou de conseguir um novo emprego e precisa aprender — depressa! — a construir relações positivas para começar com tudo na nova empresa.

Este livro vai ensiná-lo a cativar os colegas e a ficar sabendo o que está acontecendo na vida deles, já que a sensibilidade com relação aos outros afeta a sua carreira. Vai orientá-lo caso você sinta que a sua carreira estagnou ou saiu dos trilhos; vai lhe mostrar como desenvolver uma aliança mais forte com os colegas de trabalho; vai ensiná-lo a se relacionar melhor com o chefe; vai guiá-lo na criação de um ambiente de trabalho mais positivo. Além disso, você aprenderá a construir uma rede de contatos profissionais mais leais, a encontrar um mentor ou colegas que apoiem o seu crescimento profissional. Outros tópicos vitais discutidos neste livro o ajudarão a:

- Ser um ouvinte melhor no trabalho
- Cultivar defensores dispostos a recomendá-lo de maneira convincente e elogiosa
- Descobrir quem manda na sua empresa e na sua área — e ficar amigo dessas pessoas
- Lidar efetivamente com um colega que vem falando de você pelas costas
- Examinar o impacto da linguagem corporal sobre as relações no trabalho
- Analisar 13 tipos positivos e 15 negativos que você pode encontrar no trabalho, as razões para serem desse jeito e a melhor forma de lidar com eles
- Descobrir ou criar um grupo *mastermind* ou de apoio profissional para aumentar o seu conhecimento e a sua rede de contatos
- Evitar conflitos ou resolver desacordos que forem inevitáveis
- Aproveitar o tempo tomado pelas reuniões para fortalecer relações
- Evitar tentações da tecnologia que tenham um impacto negativo sobre as suas relações no trabalho, como o uso excessivo de e-mail em vez de telefonemas ou encontros em pessoa

Relações Produtivas, Carreiras de Sucesso é baseado em muitas entrevistas com homens e mulheres em vários estágios da carreira, especialistas em negócios e carreira, e também nas minhas próprias experiências no local de trabalho, incluindo o tempo em que trabalhei para o lendário editor Barney Rosset e para o ganhador do prêmio Pulitzer, Norman Mailer. Começando com os empregos em tempo integral na adolescência, quando fui assistente do chefe do ambulatório do Bellevue Hospital, trabalhei ao longo dos anos com uma grande variedade de colegas e chefes, incluindo chefes de departamentos universitários. Essas experiências me ajudaram a apreciar em mim mesma e nos outros o poder das relações positivas, assim como os danos que as relações negativas podem causar na vida, na carreira e até mesmo na autoestima e na saúde física e mental.

●●●

Uma das suas primeiras considerações, ao iniciar o caminho para um melhor domínio das suas relações no local de trabalho e na vida profissional em geral, é descobrir como estão neste momento essas relações. Para isso, reserve alguns momentos do seu dia ocupado para responder ao questionário que se segue. Isso vai lhe proporcionar um valioso ponto de partida para as suas interações interpessoais, incluindo a sua relação atual com o chefe, os colegas, os subordinados e até mesmo com os clientes. (Atenção: se pegou este livro na biblioteca, escreva as respostas numa folha separada e não no livro ou, se preferir, pode xerocar o questionário e escrever na cópia.)

Autoquestionário sobre Relações no Trabalho

1. Escreva o nome das pessoas essenciais para o seu sucesso profissional — colega, chefe, funcionário, fornecedor ou cliente. Para

cada nome, pergunte-se: "A nossa relação é boa? Excelente? Ou é negativa e potencialmente prejudicial? Será que é possível melhorar?" Anote as respostas.

____

____

____

____

____

____

2. Estude essa lista porque ela lhe mostrará as relações/pessoas que você precisa cultivar. Escolha alguém para começar e use este livro para desenvolver um plano para melhorar essa relação.

3. Qual o tamanho da sua rede de contatos no trabalho? Na sua área? Em qualquer um dos *sites* de mídia social a que pertence? Anote o número de contatos que você tem em cada *site* a que pertence atualmente, como linkedin.com, xing.com, facebook.com, classmates.com ou plaxo.com?

SITES DE MÍDIA SOCIAL	NÚMERO DE CONTATOS
Linkedin.com	______
Facebook.com	______
Classmates.com	______
Xing.com	______
Plaxo.com	______
Myspace.com	______
Outros (preencha)__________	______

4. Se você deseja expandir a sua rede de contatos *on-line* ou ao vivo, como pretende fazer isso? Já identificou as pessoas que deseja encontrar e conhecer? Se não, faça agora uma "lista de desejos" com novos contatos possíveis ou com antigos contatos que deseja retomar.

Lista de Desejos com Novos Contatos ou Contatos Antigos a Serem Retomados

Nome	Tipo de Contato: Novo	Retomada
______________	________	________
______________	________	________
______________	________	________
______________	________	________
______________	________	________
______________	________	________
______________	________	________
______________	________	________
______________	________	________
______________	________	________

5. Você sabe quem manda na empresa em que trabalha ou na área de atividade? Já selecionou as pessoas que gostaria de conhecer pessoalmente? Escreva esses nomes e o que pretende fazer para conhecer ou ser apresentado a essas pessoas.

Pessoas Influentes na Empresa em que Trabalha (Ou Área de Atividade)

Nome — Quem vou conhecer/me relacionar?
Como vou estabelecer uma ligação?

____

____

____

____

____

____

6. Quantas horas por semana você passa telefonando para antigos colegas e atuais, almoçando ou se reunindo depois do trabalho para conversar e saber das novidades?

TEMPO DESPENDIDO SEMANALMENTE
CONVERSANDO COM COLEGAS ATUAIS/ANTIGOS

Nome do Colega	Tempo Despendido	Tipo de Atividade

8. Você tem uma rede de contatos com pelo menos 50 a 100 pessoas que o conhecem — do seu emprego atual ou dos anteriores — e a quem você pode recorrer em busca de indicações, recomendações ou apenas apoio se perder o emprego hoje? Faça uma lista dos seus contatos atuais com a meta de expandir essa rede para 50 a 100 conexões profissionais sólidas e positivas, que estejam dispostas a ajudá-lo a ter sucesso.

9. Se fosse promovido hoje, ou descobrisse que ganhou um prêmio cobiçado, há pelo menos uma pessoa no seu trabalho ou nos negócios com quem você poderia compartilhar as boas-novas e que ficaria realmente feliz por você?

10. Você já considerou fazer um curso para aprender a se relacionar melhor com as pessoas no trabalho?

11. Alguém já lhe disse que você tem que aprender a administrar a sua raiva?

12. Quais são as suas metas no que diz respeito às relações no trabalho ou na vida profissional?

13. Você prefere separar as relações pessoais e profissionais?

14. Você acha que os conflitos no trabalho devem ser sempre evitados? Se estivesse em meio a um conflito inevitável no local de trabalho, você teria alguma técnica de resoluções de conflito a que poderia recorrer para enfrentar a situação?

15. Se alguém entrasse com uma arma na sua sala, você saberia como sair dali sem confrontar o invasor ou como diminuir a probabilidade de ser confrontado?

16. Até que ponto você se sente à vontade trabalhando com alguém bem mais velho ou bem mais novo do que você?

Confortável ________ Desconfortável__________

17. Se você trabalha com alguém de outra cultura ou se tem um negócio em outro país, já se deu ao trabalho de compreender algumas das principais diferenças que precisará enfrentar nas relações profissionais? Coisas como linguagem, indumentária, espaço pessoal, dar e aceitar presentes ou modo de ver as relações no trabalho? Use o espaço abaixo para considerar algumas das semelhanças ou diferenças com que você convive nas suas relações profissionais, por telefone ou e-mail.

____

____

____

____

____

____

18. Já considerou como a sua infância ou o tipo de relações que teve em trabalhos anteriores (até mesmo em pequenos trabalhos

eventuais) influenciam a sua forma de lidar com situações atuais e até mesmo a forma como é tratado no trabalho ou nos negócios? Use o espaço abaixo para escrever sobre relações profissionais anteriores, as boas, as más e as desagradáveis.

____
____
____
____
____
____

19. Você já teve algum colega de trabalho que seja especialmente memorável? O que o torna inesquecível?

____
____
____
____
____
____

20. Como seria a sua relação ideal no trabalho ou nos negócios se tivesse que descrevê-la?

____
____
____
____
____
____

Agora que já fez esse inventário das suas relações no trabalho e nos negócios, você tem um ponto de partida para avaliar as suas atuais relações ou negócios. Ao longo do livro, as informações, os exemplos e as histórias de caso o ajudarão a reconsiderar as respostas que deu a essas vinte perguntas.

Não esqueça que esse é um registro das suas experiências e opiniões *neste momento*. Anote a data em que respondeu ao questionário e volte a ele sempre que mudarem as circunstâncias ou as relações no local de trabalho — por exemplo, um novo colega de trabalho, chefe ou cliente, um novo emprego, uma mudança na carreira, a troca de um emprego por um negócio seu.

Melhorar as relações no local de trabalho é uma jornada contínua, baseada em novos conhecimentos e experiências. Assim, no último capítulo deste livro, você terá a oportunidade de voltar às vinte perguntas que acabou de responder, só que dessa vez será para ajudá-lo a avaliar o progresso feito e a solidificar as suas metas para o futuro.

Ao longo dos anos, trabalhei com administradores e líderes incríveis, assim como com outros de convivência muito difícil, dos quais custava a me recuperar quando o trabalho terminava. Ainda assim, aprendi muito sobre relações no trabalho com cada uma dessas experiências, especialmente com as que *não* funcionaram.

Em geral, passamos mais tempo no trabalho do que fazendo qualquer outra coisa. Diante dessa realidade, é melhor tornar o nosso trabalho mais agradável e mais produtivo aprendendo a fortalecer as relações positivas com que nos deparamos e a lidar mais efetivamente com as relações irritantes que não pudermos evitar.

Tenha uma ótima leitura!

Capítulo 1

Num Piscar de Olhos:
Primeiras Impressões Positivas
Favorecem as Conexões Profissionais

Estratégia 1
Use uma Linguagem Corporal que Favoreça a Interação

A pesquisa de Albert Mehrabian sobre como decidimos se gostamos de alguém levaram a estas conclusões: apenas 7% dos nossos julgamentos são verbais. Os demais são pelo do tom da voz (33%) e por meio da linguagem corporal (55%).

Essas estatísticas, mesmo que tenham o significado um pouco distorcido pelo processo de simplificação, indicam uma consideração importante para todos nós: não se guiar apenas por um único tipo de comunicação. É importante enfatizar esse ponto nestes tempos de e-mail fácil e gratuito, que parece substituir o telefone e o encontro pessoal nas interações de negócios.

O valor do estudo da linguagem corporal recebeu destaque com a estreia em 2009 do programa de televisão "Lie To Me" ["Minta para Mim"], nos Estados Unidos. No início, a história pareceu um pouco forçada, já que o personagem principal, o dr. Cal Lightman, interpretado por Tim Roth e baseado no psicólogo clínico e especialista em linguagem corporal, Paul Ekman, Ph.D., considerava cada careta ou tremor de pálpebra para determinar se um suspeito mentia, tinha medo, estava na defensiva ou confuso. Mas logo os casos em que ele trabalhava se tornaram irresistíveis, mais provocantes ainda pela ênfase da trama na linguagem corporal.

Por exemplo, as expressões faciais dos personagens são comparadas a expressões semelhantes recolhidas através da história na forma de fotos de figuras ilustres ou vis que aparecem em *flashes*. O programa fornece um exemplo dramático da linguagem corporal, a que todos nós devemos ficar atentos para triunfar em nossas relações no local de trabalho e, portanto, em nossa carreira.

É por isso que o uso quase exclusivo do e-mail, por mais eficiente que seja, elimina um caminho para as informações valiosas que uma conversa ao vivo ou por telefone proporciona. Inserir um rosto sorridente num e-mail, ou até mesmo escrever LOL (*Laugh Out Loud*) ou HAHAHA, não substitui uma experiência em primeira mão.

Expressões Faciais

As expressões faciais são um componente importante da linguagem corporal. Você consegue combinar as expressões faciais com a emoção que pretende transmitir? É bom que haja coerência entre a sua expressão facial e as suas palavras para você não ficar com fama de artificial e até de mentiroso, caso o seu rosto diga uma coisa e as suas palavras digam outra. Por exemplo, alguém lhe pergunta: "O que você acha do novo *design*?" Você deixa escapar um "Incrível!" mas tem o rosto contraído e não parece nada entusiasmado, mas decepcionado e confuso.

Num ambiente profissional, por outro lado, em que é politicamente correto dar uma determinada resposta mesmo pensando o contrário, você consegue ocultar as suas emoções de modo a não denunciar os seus pensamentos contraditórios? Talvez você esteja procurando um emprego — resolveu sair do atual emprego, talvez até mesmo mudar de área, e não há nada que alguém possa fazer para que você fique — mas não quer que ninguém saiba disso até que tenha alguma coisa em vista. Se alguém lhe perguntar se você está contente com o seu emprego, será que consegue dizer que sim como se quisesse dizer exatamente isso, já que prefere que a atmosfera seja a mais positiva possível até chegar o momento de sair?

Existe um item promocional que consiste numa cartela com ímã na parte de trás e seis fileiras de rostos, cada fileira com cinco expressões faciais diferentes. Você tem que mover um quadrado para o rosto que corresponde às palavras escritas nesse quadrado: "hoje eu me sinto..." A cartela oferece trinta maneiras possíveis de uma pessoa se sentir num determinado dia, como por exemplo: "frustrado", "confiante", "tímido", "aborrecido", "ansioso" ou "feliz". Quantas vezes paramos para imaginar como estamos nos sentindo num determinado dia — e no impacto que isso tem na nossa maneira de interagir com os outros? E os outros, com quem estamos interagindo? O que eles estão sentindo?

Mesmo ao contar conscientemente a alguém os nossos sentimentos, a sensibilidade para ler os indícios não verbais de como a pessoa se sente só pode favorecer a comunicação e a relação.

Sorria!

"Let a smile be your umbrela" ["Que um sorriso seja o seu guarda-chuva"], diz o nome de uma canção. No local de trabalho a máxima deveria ser: "Que um sorriso seja a sua maneira de saudar os outros, para que gostem de ficar perto de você." Dale Carnegie, um grande sábio, diz isso de outra maneira: "As ações falam mais alto do que as palavras, e um sorriso diz: 'Eu gosto de você. Você me deixa feliz. Vê-lo me deixa contente.'

"É por isso que os cães fazem tanto sucesso. Ficam tão contentes ao nos ver que parecem ficar fora de si. Assim, é natural que fiquemos contentes ao vê-los.

"Um sorriso falso? Não. Isso não engana ninguém. Sabemos que é um sorriso mecânico e nos ressentimos disso. Falo de um sorriso verdadeiro, de um sorriso de aquecer o coração, de um sorriso que vem de dentro, o tipo de sorriso que atinge um bom preço no mercado."

Gestos e Toques (Comunicação Tátil)

Os gestos incluem de tudo: um aperto de mão, um beijo no rosto (ou nos lábios), um tapinha nas costas para comunicar conforto quando alguém compartilha uma situação triste ou traumática.

Os gestos ficam mais em evidência quando alguém fala a um grupo, seja numa reunião de departamento ou diante de uma plateia de 900 pessoas. O orador agita demais as mãos, desviando a atenção dos espectadores das palavras que estão sendo ditas, ou seus gestos são uma forma de enfatizar ideias e conceitos?

Nas situações do cotidiano, os gestos podem estar a serviço do que está sendo dito, podem ser irritantes ou prestar um desserviço às palavras (o que fica evidente quando alguém não para de se mexer).

O que antes era considerado uma impertinência (por exemplo, um colega de trabalho tocar o ombro do outro de maneira imprópria) hoje pode ser o começo de uma acusação de assédio sexual. Resultado: em situações de trabalho, fique muito atento a quem você toca e onde. Se alguém o tocar de um jeito que você considera desagradável ou inapropriado, mas você achar que se trata de uma questão de diferenças culturais, de um engano ou até mesmo de um teste — alguém quer saber como você lida com uma situação dessas —, diga polidamente a essa pessoa que não acredita que ela tivesse má intenção, mas que você não considera esse tipo de toque apropriado e que não quer que aconteça de novo. É provável que a pessoa entenda o recado e que a situação não se repita. Se você acha que o seu local de trabalho não tem regras claras a esse respeito, sugira ao departamento de recursos humanos a organização de um *workshop* sobre o assunto, ou a apresentação de um vídeo educativo que aborde essas questões. O departamento de recursos humanos pode também fazer circular um folheto ou alguma literatura mais extensa sobre o assunto, com maiores detalhes sobre o que é e o que não é apropriado no local de trabalho — e esclarecer o que pode ser visto como sinal de assédio sexual (mesmo se a intenção não for essa).

Postura Corporal (Comunicação Proxêmica)

Outro aspecto da linguagem corporal que transmite uma primeira impressão é a postura. Augusta Nash, uma *coach* de Atlanta, estudou linguagem corporal na Newfield Network. Diz ela: "Eles ensinam que a linguagem corporal e o estado de espírito têm que estar de acordo para que as pessoas confiem em você."

Nash destaca também que há considerações sobre as posturas apropriadas para o papel que alguém desempenha no trabalho. Por exemplo, você espera que o líder (o chefe) "tenha uma postura ereta e visão periférica, a capacidade de enxergar em todas as direções".

Você quer transmitir autoridade e confiança? Fique ereto. Quer parecer jovem e enérgico, mesmo tendo 60 anos ou mais? Evite ficar curvado, que é o tipo de postura que infelizmente se vê num lar para idosos. Você quer ser visto como uma pessoa envolvida e envolvente? Não fique de braços cruzados, o que transmite distanciamento e atitude defensiva.

Espaço Pessoal

Edward Hall é um renomado antropólogo que estudou o espaço pessoal em várias culturas. Nos seus livros, *The Silent Language* e *The Hidden Dimension,* ele observa que há distinções culturais claras a respeito de quanto espaço pessoal é apropriado e necessário. Embora não haja certo ou errado a esse respeito, a chave está em saber o que é confortável, levando em conta a cultura (ou país) em que você está e até mesmo o tipo de personalidade com que está lidando. Algumas pessoas podem tolerar, ou até mesmo precisam de mais distância do que outras quando se comunicam frente a frente.

Faça a si mesmo as seguintes perguntas para entender melhor as suas necessidades de espaço pessoal:

- A que distância dos outros você precisa estar para se sentir confortável num ambiente de trabalho?
- O que você faria se alguém chegasse perto demais de você? Como você lidaria com a situação?
- Você trabalha com pessoas de outras culturas ou costuma viajar para outros países, onde as necessidades de espaço pessoal são muito diferentes das suas? Que diferenças são essas? (Para saber mais sobre esse assunto, veja a Estratégia 44, Capítulo 7)

Os Aspectos Não Verbais da Linguagem

Outro aspecto da linguagem corporal é o *ritmo* em que você fala. Certa vez, entrevistei uma mulher que falava tão depressa que me senti agredida pelas suas palavras. Era um traço de personalidade e, como ela já tinha uns 50 anos, era pouco provável que o mudasse em pouco tempo. Fiquei imaginando se ela sabia o quanto esse jeito de falar devia afetar todos os aspectos da sua vida profissional. Há cursos e *workshops* que podemos fazer para melhorar os nossos padrões de fala, e também *coaches* que podem nos ajudar a melhorar o ritmo do nosso discurso. Outra solução mais rápida e fácil, embora possa não ter tantos resultados positivos de longo prazo, é ficar atento a essa tendência e encontrar maneiras alternativas de nos comunicar, que não dependam tanto do ritmo da fala. Por exemplo, usar a comunicação por e-mail pode ser mais eficiente para pessoas com essa característica do que falar ao telefone ou ao vivo.

Além do ritmo, há a escolha das palavras. Algumas línguas têm duas palavras para o mesmo tipo de relação, dependendo de esta ser próxima ou profissional.

Tenha cuidado com a escolha das palavras em ambientes de trabalho. Se você tem o hábito de se referir a uma mulher como "Gracinha" ou "Querida", acabe com esse hábito para não ser taxado de inadequado. Gíria ou xingamentos são outros aspectos da linguagem que precisam ser abordados. E tenha cuidado com piadas maliciosas no trabalho, esteja você contando ou ouvindo a piada — embora sinta que deveria pedir licença e se retirar ao perceber o rumo que a piada está tomando.

Estratégia 2

Transmita uma Atitude Positiva

Qual destes cenários está mais próximo da sua situação? Você vai trabalhar todos os dias. Você adora o seu emprego e o tempo voa. Se fosse preciso, você pagaria para trabalhar lá.

Ou você fica imaginando como foi parar nessa empresa e nessa situação, e gostaria de arrumar outro emprego ou até mesmo mudar de carreira, mas não é uma boa hora para ficar desempregado, especialmente na sua área de atividade. Você conta os minutos até poder se demitir e sonha que alguém lhe telefona oferecendo o emprego dos seus sonhos.

Felizmente, seja qual for o cenário mais próximo da sua situação, você *pode* ser animado, positivo, e uma alegria para quem está à sua volta. Quem é o próprio patrão e tem clientes e fornecedores em vez de colegas de trabalho e chefes, também pode ser positivo e interessado no trabalho de maneira otimista, seja ele um projeto de sonho ou algo em que você entrou apenas por dinheiro.

A sua atitude é algo que você pode controlar. Você pode não ter muita escolha quanto à empresa ou quanto ao projeto em que está trabalhando. Mas nada o impede de ser alegre e de buscar o que é positivo num emprego ou num projeto em vez de se concentrar no que é negativo, seja o salário que você recebe, as pessoas com que é obrigado a conviver ou o chefe que precisa agradar e que nunca fica satisfeito.

Atitude vem do italiano *attitudine*. *Aptitudo* vem do latim *aptus*. Todo mundo já ouviu a expressão "mente sã em corpo são". A atitude nos ajuda a abordar situações com uma aptidão mental que nos dá esperança, energia positiva e alegria, em vez de dúvida, negativismo e desespero. Como a atitude é contagiosa e como num ambiente de trabalho todo mundo divide em geral espaços relativamente pequenos, por que não ter alegria e energia positiva se espalhando em vez de medo, negativismo e suspeita?

Ainda são relevantes as sugestões que nos oferece o pregador protestante Norman Vincent Peale, autor do *best-seller The Power of Positive Thinking*,* publicado originalmente em 1952. O livro de Peale, que vendeu milhões de exemplares e foi traduzido para mais de 40 idiomas, tem capítulos que discutem conceitos fundamentais: Tenha Confiança em Si Mesmo, O Espírito Tranquilo Gera Energias, Como Criar a sua Própria Felicidade, Acabe com a Exaltação e a Agitação, Espere Sempre o Melhor e Consiga-o, Não Acredito em Fracassos, Como Acabar com as Preocupações, Como Fazer as Pessoas Gostarem de Você. Embora Peale introduza Deus em muitos pensamentos e passagens, seus conselhos são sensatos, mesmo para quem é ateu ou agnóstico.

---

* *O Poder do Pensamento Positivo*, publicado pela Editora Cultrix, São Paulo, 1956.

Doug Hensch, COO (Chief Operating Officer) de uma *start-up* de cinco pessoas, a happier.com, acha que a atitude faz toda a diferença: "Muitas pesquisas mostram que o pessimismo é ruim psicologicamente e fisicamente. O otimismo, por outro lado, traz benefícios que incluem níveis mais altos de criatividade, longevidade, boa saúde e muito mais."

Estratégia 3
Mostre uma Aparência Agradável

Que mensagens comunicamos por meio das nossas roupas, incluindo joias nos dedos, no pescoço e nos pulsos, brincos nas orelhas, no nariz ou até mesmo nas pálpebras, enfeites no cabelo, sapatos, a bolsa do *notebook* pendurada no ombro ou levada na mão? O que um colega que aparece no trabalho com um terno de US$ 400 comunica aos outros sobre o seu provável *status* socioeconômico?

Joyce L. Gioia observa como é importante estabelecer padrões para as roupas no trabalho, ainda mais se alguns funcionários não têm muita noção a esse respeito. Ela me falou da dificuldade de lidar com o modo de se vestir de uma funcionária que tinha começado a trabalhar para ela como estagiária, quando ainda estava cursando o colegial no período noturno. Essa jovem era muito bonita e tinha sido rainha da beleza na escola. Diz Gioia: "Como nunca sabíamos quando um cliente iria aparecer, comecei a ficar preocupada com o fato de os homens da nossa empresa acharem as roupas dela uma distração. Usava *shorts* minúsculos, *tops* curtinhos e o umbigo de fora. Acredito que éramos flexíveis em matéria de roupas, mas tinha que haver um critério para o comprimento dos *shorts* e dos *tops*. Acabei conversando com ela. Disse que ela era muito bonita mas que usar aquele tipo de roupa não era profissional e que chamava muito a atenção dos homens. Disse também que gostaria que não usasse mais *shorts* e *tops* tão curtos e que não viesse mais com o umbigo de fora. Felizmente ela não levou a mal e não tive mais que me preocupar com violações ao nosso código de vestimenta."

Estratégia 4

Passe uma Primeira Impressão Favorável (Ao Vivo, ao Telefone e por E-Mail)

Você já ouviu dizer que o que conta é a primeira impressão! Lembre--se de que pode não ter uma segunda oportunidade com essa pessoa. Leve a sério cada reunião, e-mail ou telefonema. Nada é sem consequências. Tudo é importante!

A consultora de imagem Camille Lavington acredita que você tem só três segundos para passar uma boa impressão (como ela detalha no livro *You've Only Got Three Seconds*). Você já telefonou para alguém que lhe causou uma má impressão imediata por vociferar do outro lado da linha? Quando você começa com o pé esquerdo, fica muito difícil, e às vezes impossível, reverter as coisas.

Até mesmo o e-mail, "silencioso" como é, transmite uma primeira impressão de quem o envia. A indicação do assunto, a maneira de tratar o destinatário, o conteúdo da mensagem (incluindo o tamanho e o tom), o fato de haver ou não erros tipográficos ou gramaticais, ou até *smileys* ☺, criarão uma primeira — e muitas vezes duradoura — impressão.

Eis aqui algumas sugestões que o ajudarão a determinar se você está causando uma primeira impressão positiva.

Primeira Impressão: Ao Vivo

- A sua roupa/aparência é adequada à situação/ocasião?
- O aperto de mão é firme ou apertado demais?
- O beijo é uma saudação adequada ou parece forçado? Se for adequado, o estilo desse beijo é consistente com a cultura (por

exemplo, um beijo no rosto nos Estados Unidos *versus* um beijo em cada lado do rosto na Europa)?

- A sua linguagem corporal é acolhedora ou é defensiva e agressiva?
- Os nomes são pronunciados corretamente?
- A reunião começou na hora marcada?
- A atmosfera do local da reunião é adequada ao negócio a ser tratado?

Primeira Impressão: Ao telefone

- Você fez a lição de casa para saber alguma coisa sobre essa pessoa ou sobre a sua empresa?
- O seu equipamento telefônico está em boas condições? Alguns telefones celulares ou sem fio têm má recepção. Em outros, com viva-voz, fica difícil ouvir o que a outra pessoa está falando.

Primeira Impressão: Por E-Mail

- A indicação do assunto é clara e dirigida, de modo a aumentar a probabilidade do seu e-mail ser aberto e lido?
- Você conhece a pessoa para quem está escrevendo? Se foi indicado por alguém, você mencionou isso no começo da mensagem, de modo a aumentar a probabilidade do seu e-mail ser valorizado e respondido imediatamente?
- Você sabe com certeza qual o sexo da pessoa para quem está escrevendo? Se não tiver certeza, está usando o nome completo dessa pessoa, de modo a não se referir a ela ou ele como Sr. ou Sra., o que poderia ser ofensivo, no caso de usar o gênero errado?
- Você deixou o seu e-mail o mais sucinto possível?
- Você o releu para verificar se está claro e também para corrigir eventuais erros de digitação e verificar se os fatos, nomes próprios e referências estão corretos?

Quando Você Faz a Ligação

- Em geral, fazemos uma ligação quando é mais conveniente para nós. A questão é saber se esse momento é conveniente também para a pessoa com quem queremos falar. Por isso, pergunte se aquele é um bom momento para falar, já que o seu telefonema pode estar interrompendo alguma outra coisa. Não parta do princípio de que o momento é bom para falar só porque a pessoa atendeu a ligação.
- Tenha metas específicas para o telefonema, de modo a diminuir a probabilidade de se atrapalhar ou usar mal o tempo. O telefonema precisa ter um motivo, mesmo que seja apenas dizer alô e socializar.
- Mesmo que seja mais fácil conversar no viva-voz, a etiqueta exige que você peça antes a permissão da pessoa com quem está falando. Além disso, fique atento para não perturbar as pessoas à sua volta, esteja você ao ar livre ou num espaço pequeno.
- Nas ligações profissionais, seja objetivo e fale com clareza. Seja breve e evite se desviar para assuntos pessoais.
- Pratique maneiras agradáveis de terminar a chamada, que não indisponham ou ofendam a pessoa que está no outro lado da linha.
- Demonstre interesse pela outra pessoa, sem puxar demais para o lado pessoal.
- Deixe bem claro qual será o próximo passo: você vai enviar um e-mail, uma carta ou telefonar de novo?
- Agradeça pelo tempo que a pessoa lhe concedeu.
- Faça anotações durante os telefonemas. Anote o dia e a hora em que a ligação foi feita e pergunte se essa é a melhor hora para as ligações futuras.

Quando você Recebe o Telefonema

- A menos que o telefonema tenha sido agendado, você pode escolher se quer falar naquele momento, já que não foi você que telefonou. Portanto, se não for um bom momento, diga isso de imediato. Se deixar passar algum tempo, pode parecer que está cortando a conversa.
- Mesmo que esteja ocupado ou de mau humor, seja agradável e animado.
- Tente determinar rapidamente quem está telefonando, a razão da ligação e se você é a pessoa certa para atender esse telefonema.
- Se você não é a pessoa indicada para atender esse telefonema, sugira alguém e forneça as informações de contato.
- Mesmo que a pessoa do outro lado da linha seja um estranho total, ou que você esteja num nível alto demais para atendê-la, seja agradável porque você é um reflexo da empresa.
- Fique de olho no tempo, sem ser rude demais.
- Mantenha um registro das pessoas com quem fala ao telefone e as respectivas informações de contato.

Etiqueta e Celular

- Desligue o telefone ou deixe só o alerta vibratório se estiver numa situação em que a campainha pode incomodar.
- Ao atender o telefone, verifique se alguém está ouvindo. O fato de alguém ouvir um lado da conversa — ou até os dois — pode violar a sua privacidade e a da pessoa com quem estiver falando.
- Se o seu aparelho não tem uma boa recepção de sinal, especialmente se for de um modelo mais antigo, invista num celular novo e atualizado para não ficar perdendo ligações ou com dificuldade para entender o que a outra pessoa está dizendo.
- Fique atento para que as suas ligações ao celular não incomodem outras pessoas que estejam por perto.

- Num trem que tenha vagões com restrição ao uso de aparelhos sonoros, só use o celular num vagão comum.
- A polidez conta muito: se a sua política é receber chamadas de negócios só durante as horas de trabalho, mas acontecer de receber uma ligação fora de hora, seja agradável, pergunte quem é e quando você pode retornar a chamada.
- Se você se dispõe a atender o celular a qualquer momento, não importa o que estiver fazendo, tome cuidado para atender de forma profissional, já que pode ser uma ligação ligada ao trabalho. Se você deixa o seu número de celular na caixa postal, esteja preparado para receber chamadas indesejadas. Nesse caso, se receber uma chamada que não considera urgente, fique calmo e resolva a situação da melhor maneira. Evite ficar indignado ou aborrecido porque alguém tomou a liberdade de ligar para o seu telefone celular.

Estratégia 5

Fale num Estilo Informal e Simpático

Responda a este questionário para determinar qual é o seu estilo de conversação ao telefone ou ao vivo:

1. Qual é a sua maneira preferida de se comunicar? Pessoalmente? E-mail? Fax? Telefone? Telefone celular? Mensagem instantânea?
2. Você fala com clareza ou fala tão rápido que os outros têm dificuldade para entender o que você está dizendo?
3. Ao telefone, as pessoas costumam lhe pedir para repetir o que disse mais do que uma vez na mesma conversa?
4. É difícil entender o que você fala por causa de algum sotaque?

5. Você costuma usar palavras comuns ou usa palavras "difíceis" que os outros não entendem e têm que interromper a conversa para pedir uma definição?
6. Você tem vários estilos de conversação, dependendo do propósito da comunicação, que pode ser informativa ou persuasiva, ou tende a usar sempre o mesmo estilo?
7. Você divaga?
8. Você começa a conversa com uma ideia clara do ponto ao qual pretende chegar?
9. Você aplica a famosa abordagem de Milo Frank, descrita no título do livro *How to Get Your Point Across in 30 Seconds or Less? [Como Apresentar as suas Ideias em 30 Segundos ou Menos?*]
10. Você encerra cada conversa ou reunião com um resumo ou plano de ação, de modo que todos concordem que o propósito da conversa foi claro?

Como descobriu Frank, que se tornou diretor de *casting* na CBS, você pode dizer muita coisa em apenas 30 segundos. No seu livro, ele observa: "Já vi a ascensão ou a queda de carreiras por causa da palavra falada. O funcionário que não consegue se comunicar com eficácia não consegue um aumento ou uma promoção. O patrão que não consegue explicar o seu ponto de vista perde a cooperação dos funcionários. O vendedor que não consegue parar de falar não fecha a venda..."

Para Frank, é importante ir ao que interessa em 30 segundos, já que nos negócios há restrições de tempo, hoje mais do que nunca, além da preocupação com o tempo de concentração.

Capítulo 2

Figuras Positivas e Negativas
Típicas e como
Compreender e Tratar cada uma Delas

Estratégia 6

Saiba Lidar com Tipos Negativos de Personalidade

Todos nós encontramos tipos negativos de personalidade no local de trabalho. Se souber com que tipo está lidando, você terá mais chances de não levar o seu comportamento para o lado pessoal. Vamos focalizar primeiro os principais tipos negativos que podem tentar arruinar a sua carreira (os tipos positivos são discutidos na Estratégia 7) porque quase todos nós precisamos de ajuda para compreender melhor esses tipos.

O Vampiro

Os vampiros podem ser um fenômeno da cultura pop na literatura e no cinema, mas não é nada agradável encontrá-los no trabalho, embora infelizmente existam. Longe de espreitarem nas sombras, esses vampiros dos locais de trabalho caminham entre nós e podem ser bastante amigáveis até começarem — exatamente como o vampiro que suga o sangue de outra criatura para sobreviver — a se alimentar dos colegas de trabalho, prejudicando-os para favorecer a própria carreira. Esses vampiros, homens ou mulheres, colegas ou chefes, costumam se passar por bonzinhos, fazendo com que todo mundo pareça ruim. Sugam a energia e o entusiasmo dos outros, dando ordens o tempo todo e sobrecarregando-os de trabalho. Para piorar as coisas, alimentam as inseguranças dos outros, que começam a se sentir menos competentes (mesmo ao realizar tarefas que deveriam ser da responsabilidade do vampiro).

Quando o vampiro é o chefe, a situação se agrava, já que muitas vezes ele não dá a orientação necessária para você realizar a sua tarefa com eficiência. Esse tipo sabe o que *não* quer, mas raramente consegue articular o que *quer*. Então fica um vai e volta entre você e esse vampiro até que ou você faz a coisa direito ou se irrita, o que pode pôr em risco a sua carreira ou reputação. Em geral, é melhor conquistar o vampiro em vez de correr o risco de ser visto como um membro fraco da equipe ou, no duro mercado de trabalho de hoje, pedir demissão sem ter outro emprego em vista.

O Que Faz com que o Vampiro se Manifeste?

O que pode fazer com que alguém seja um vampiro no trabalho? Ódio, culpa e amor, de acordo com o psicanalista Ernest Jones, são algumas das emoções reprimidas que estão por trás das ações do mitológico vampiro sugador de sangue. O vampiro do local de trabalho tem sentimentos confusos sobre o trabalho e os colegas. Ele (ou ela) sente raiva por suas realizações não serem tão eminentes, sente culpa pelas expectativas de carreira não realizadas e ódio por quem tenha mais talento ou entusiasmo. Pode até mesmo ter o desejo inconsciente de amar o colega de trabalho que está sendo vitimado! Em psicologia, isso é conhecido como formação de reação: o vampiro na verdade deseja a pessoa cujo sangue está sendo sugado mas, como sente que é impossível realizar esse desejo, age de maneira hostil, alimentando-se da vítima.

Quando Brenda tinha 28 anos, foi contratada como assistente de publicidade numa empresa de comunicações em White Plains, Nova York. Nos primeiros anos, tudo correu bem mas, aos poucos, Brenda começou a perceber que sua chefe, Natalie, que Brenda descreve como uma chefe vampira, tinha desenvolvido o padrão de se fixar em um determinado funcionário, que ela então humilhava sistematicamente.

"À medida que ia sendo promovida, Natalie se tornava mais desagradável", conta Brenda.

Brenda ficava imaginando quando chegaria a sua vez. Sua queda na companhia começou quando Natalie subitamente a rebaixou de diretora a gerente. Com isso, Brenda deixou de ter uma vaga reservada no estacionamento. Nas reuniões, Natalie se referia a Brenda como JAP, uma abreviatura para "Jewish American Princess" (Princesa Judia Americana), uma forma totalmente inadequada de se referir a alguém em qualquer situação, quanto mais num ambiente de trabalho.

Natalie criticava cada vez mais o trabalho de Brenda. Estava claramente tentando pôr Brenda para fora, mas Brenda queria ser a vencedora. Como pretendia ter um filho e se dedicar mais à família, o comportamento negativo de Natalie motivou Brenda a diminuir o horário de trabalho, como forma de lidar com o vampirismo: "Natalie não podia fazer nada. Eu tive o cuidado de anunciar a minha gravidez antes de ela me demitir", conta Brenda.

Brenda não apenas conseguiu seus três meses de licença maternidade mas, logo que voltou ao trabalho, com o ambiente ainda negativo e hostil, fraturou o dedão do pé, conseguindo vários meses de licença médica. Quando Brenda apresentou a sua demissão, tinha tido oito meses de licença remunerada.

Perguntei a Brenda por que não tinha procurado o departamento de recursos humanos para se queixar de Natalie. Ela explicou que esse departamento era subordinado a Natalie, não sendo assim um recurso eficaz. Uma vez, tinha tentado falar com o chefe de Natalie, o diretor da empresa, que lhe disse para "resolver o assunto" com Natalie diretamente.

Como Lidar com o Vampiro Antes que Ele Sugue Todo o seu Sangue

O que fazer se você estiver às voltas com vampiros no local de trabalho mas não quiser, ou não puder, ir embora? Será que você pode reverter a situação a seu favor?

Trata-se de uma situação complicada porque, se você reagir deixando que o chefe saiba que está sendo vitimado, eles se tornarão mais implacáveis. Por outro lado, não pode ignorar a situação porque o vampiro continuará a consumir o seu sangue até que você esteja completamente exaurido — profissionalmente e emocionalmente morto.

Você precisa estar atento para reverter a situação, o que pode ser feito de duas maneiras. A primeira é aceitar a maldade deles, por mais difícil que isso seja no começo. Você já ouviu as frases: "mate-os com gentileza" ou "você consegue pegar mais abelhas com mel do que com vinagre"? Esta é uma maneira de lidar com os vampiros. Seja simpático. Seja agradável. Não deixe que percebam o quanto esse comportamento sugador de sangue o repele porque isso os tornará mais brutais e cruéis.

A segunda maneira é começar a sugar o sangue *deles*, de modo que você seja o vencedor e não a vítima. É claro que isso pode ser muito difícil para você, já que as vítimas dos vampiros tendem a ser pessoas gentis, generosas e positivas. Deixe claro que você também pode ser um agressor e que não vai se curvar à vontade do vampiro. (Brenda, ao tirar a licença maternidade e depois outra licença, devido a um tombo acidental, se vê como alguém que fez a empresa e a chefe vampiro "pagarem". Assim, mesmo aborrecida e com raiva pela maneira como foi tratada pela ex-chefe, sente que saiu vitoriosa.)

Mas cuidado com essa inversão de papéis: não se enamore da *persona* do vampiro porque pode acabar caindo permanentemente nesse papel. Use-o só para sair vitorioso sobre o colega de trabalho ou o chefe vampiro. Logo que tenha recuperado o poder na sua vida profissional, permita-se ser a alma gentil e generosa que na verdade é — pelo menos até o próximo vampiro sair das sombras.

Uma terceira maneira de enfrentar o vampiro do local de trabalho, se ainda não puder sair do emprego, é documentar detalhadamente tudo o que você faz. Isso será útil na procura do novo emprego para acabar com o mito injustificado — alimentado pelo vampiro — de que você pouco realizou no seu trabalho. Se você tiver um registro detalhado do que realizou, esse registro falará por si mesmo, abafando a voz negativa do vampiro que nunca fica satisfeito e que tem expectativas não realistas sobre o que pode ser feito num período de tempo razoável.

A Estrela

A estrela adoraria que os sinos tocassem toda manhã quando ela entrasse pela porta giratória do prédio. Ela (ou ele) precisa estar sempre sob os refletores e a atenção que recebe nunca é demais.

Há pessoas que lutam para se tornarem Estrelas, mas há outras que nascem com essa característica. Para quem sente desconforto sob a luz dos refletores, o "Estrelato" pode ser uma experiência desagradável. Seja como for, o papel da Estrela não é tão invejável quanto parece à primeira vista. Muitos querem destroná-la e podem até se sentir gratificados ao ver a sua queda. Rick Brenner, da Chaco Canyon Consulting, mencionou o provérbio japonês *Deru kui wa utareru* ("Estaca proeminente é enterrada com o martelo").

Ao "reverenciar" o papel da Estrela, você pode enfraquecer a equipe por dar uma ênfase indevida às realizações de uma pessoa sem acentuar os triunfos das outras.

A Estrela pode ter crescido numa família grande, precisando disputar a atenção com os irmãos. Ou pode ter sido um filho único que acompanhava os pais em atividades sociais em que os adultos se gabavam das suas conquistas, tendo assim desenvolvido uma forte necessidade de se destacar e chamar a atenção.

Ben tinha sido A Estrela em seu último emprego, o que foi muito desconfortável para ele. Sua supervisora vivia dizendo que ele era o "melhor" com quem ela já tinha trabalhado. Diz ele: "Em primeiro lugar, isso fazia com que eu me sentisse isolado. Todo mundo ficava irritado comigo e, quando alguém acima de mim não era considerado uma Estrela, eu sentia como se essa pessoa quisesse me matar. Você só pode ser A Estrela se for o chefe."

Ben acabou sendo demitido e acha que o rótulo de Estrela contribuiu para isso.

Se você não quer ser despedido por ser considerado a Estrela, eis o que deve fazer: lembre-se de que só o chefe pode ser a Estrela. A dura realidade é que se você é "bom demais" num trabalho, especialmente numa situação de equipe, isso pode se voltar contra você. E não é bom que o seu chefe fique mal. Para sobreviver, continue sendo aquele que dá apoio. Se for comparado a colegas que estão no mesmo nível que você, evite ser apontado como a Estrela. Se você for uma Estrela relutante, como Ben, experimente estas táticas:

- Seja discreto com relação aos elogios que recebe e saiba dividir os aplausos. Há uma linha muito tênue entre receber atenção e ser objeto de desprezo.
- Mesmo que seja rotulado de A Estrela, você não precisa se comportar como uma *prima Dona* ou VIP e fazer com que os outros fiquem com inveja de uma forma competitiva ou maldosa. Se, por outro lado, você se vê às voltas com uma Estrela que gosta de ser uma Estrela, aqui vão algumas sugestões:
- Lembre a Estrela de que ela está se pondo numa posição que pode se voltar contra ela.

- Lembre-se de que é possível ser admirado e respeitado sem ser a Estrela.
- Ajude a Estrela a valorizar os próprios traços de personalidade e não apenas as realizações de carreira, de modo a reduzir a necessidade de ser o centro das atenções no trabalho.

O Maníaco por Controle

Ter sempre a primeira (e a última) palavra, precisar ser aquele que toma todas as decisões — são essas as marcas do Maníaco por Controle. Essa pessoa sente que precisa decidir as atividades dos outros: precisa dizer aonde você vai almoçar e dar a última palavra no *press-release* que você está fazendo — mesmo que já esteja bom.

George trabalhava para Dan, um CEO que era Maníaco por Controle. Dan tinha que ser o mestre de tudo e todo mundo precisava se adequar ao seu cronograma. "Era um microgerente", diz George. "Isso me fazia sentir incompetente e sem controle. Minha vida não me pertencia. Dan esperava que eu estivesse à sua disposição sete dias por semana, 24 horas por dia. Tudo precisava ser feito do jeito dele — mesmo se fosse o jeito errado, tinha que ser do jeito *dele*."

O que transforma uma pessoa num Maníaco por Controle? Em geral essa característica aparece em quem sente que tem pouco controle em outras áreas da vida. Trata-se de um clichê, mas costuma ser verdade: no trabalho, o Maníaco por Controle é radicalmente diferente do que é em casa, onde o marido manda na mulher ou os filhos dizem ao pai o que fazer. No entanto, no local de trabalho, o Maníaco por Controle sente-se como um rei em seu castelo. Ou, na infância, os pais eram autoritários e esse foi o único estilo de liderança ao qual o Maníaco por Controle foi exposto durante o seu crescimento. Agora, numa posição de autoridade, esses antigos padrões vêm à tona; pode ser que ele nem perceba o quanto seu comportamento é dominador e controlador — e que os outros merecem ser tratados com mais respeito e cortesia.

Como lidar com o Maníaco por Controle? Assim como com todos esses tipos, é preciso levar em conta a posição que o Maníaco por Controle ocupa na empresa ou na sua carreira. Ele é o chefe? Um colega de trabalho? Um empregado? Um cliente? Um consumidor? Um prestador de serviços? Se vocês forem colegas de trabalho e estiverem no mesmo nível, o Maníaco por Controle tem menos justificativas para lhe dizer o que fazer do que se fosse o chefe. No caso de George, como o Maníaco por Controle era o chefe, ele tinha que agir com mais cuidado. Diz ele: "Eu procurava não ficar abatido com isso. Dizia a mim mesmo que esse era o jeito dele e tentava contornar a situação. Fazia o meu trabalho da melhor maneira possível, sabendo que ele nunca ficaria satisfeito. Mas precisava do emprego e não podia mandá-lo para aquele lugar."

Aqui vão algumas sugestões adicionais para lidar com o Maníaco por Controle:

- Se vocês são colegas de trabalho, deixe que ele controle alguns detalhes triviais relacionados à situação ou ao projeto, de modo que as questões mais importantes fiquem por sua conta sem muita resistência.
- Tente dividir as decisões e equilibrar a carga de trabalho, de modo que cada um seja responsável pelas próprias tarefas ou projetos. Isso pode ajudar o Maníaco por Controle a delimitar o seu controle.
- Quando o Maníaco por Controle é o chefe, lembre-se de que provavelmente ele está apenas representando um papel e que isso tem pouca coisa a ver com você. Deixe-o representar o papel do Maníaco por Controle, já que você sabe que se trata apenas de um jogo.
- Admita que você também tem padrões elevados, mas que é preciso haver um consenso de que tais padrões podem ser al-

cançados. Tente fazer com que esse tipo se atenha a metas e especificações concretas, para que alcançá-las seja mais fácil de documentar.

- Se o Maníaco por Controle expressar um *feedback* positivo, mesmo que seja só de vez em quando, procure reforçar essa reação e não as reações negativas. Procure valorizar as poucas vezes em que ele valoriza alguma coisa!
- Procure juntar o Maníaco por Controle com alguém da equipe que seja mais fácil de agradar, de maneira que cheguem a um consenso.
- Lembre-se de que o excesso de exigências reflete um traço de personalidade dessa pessoa, tendo pouco a ver com a competência dos outros. Não leve para o lado pessoal as críticas que ele faz a você ou ao seu trabalho.
- Por outro lado, você se reconhece nesse tipo? Caso reconheça, trabalhe para superá-lo, de modo a ficar conhecido como alguém com padrões elevados e não como um maníaco por controle que é também exigente demais. Evite manifestar esse traço; ele atrapalha a sua reputação de gerente de primeira linha ou de alguém com quem é bom trabalhar.

O Irrepreensível — o Tipo "Não é Minha Culpa"

Todo mundo comete erros, mas o tipo "Não é Minha Culpa" quer que você acredite que a culpa *nunca* é dele. A possibilidade de ele cometer um erro de julgamento ou dar um passo em falso está fora de questão. Por que essa atitude é tão prejudicial no ambiente de trabalho ou nos negócios? Seja um colega de trabalho, um patrão, um funcionário, um prestador de serviços ou um sócio, esse tipo não apenas foge à responsabilidade, mas com frequência tenta jogar a culpa em qualquer um — incluindo você.

O que provoca esse comportamento? Retroceda aos anos de formação. Você sentia que, para os seus pais, fizesse você o que fizesse, o importante era contar a verdade? Ou o medo de admitir um erro era tão grande que mentir e negar a culpa, ou até mesmo jogar a culpa nos outros, parecia ser a melhor opção? No mundo dos negócios, alguém com esse traço de personalidade tende a ser uma versão adulta do adágio infantil "Quem roubou o biscoito do pote de biscoitos?" com o dedo sempre apontando em outra direção.

Se esse era o padrão na infância e se o Tipo "Não é Minha Culpa" não tiver uma epifania, esse comportamento tende a continuar. Aprender com o exemplo dos outros a admitir os erros — e aprender com os erros — são passos positivos para reverter esse padrão da infância.

Claire adotava essa orientação no trabalho. Se o seu gerente observava que ela não tinha atendido a uma exigência prioritária, em vez de dizer: "Sim, obrigada por me lembrar, eu já coloquei essa questão na minha lista de prioridades da próxima semana", sua resposta automática era dizer algo defensivo, do tipo: "Ninguém me pediu para fazer isso!" Às vezes havia realmente uma falha de comunicação entre Claire e o gerente, mas descobrir essa falha levava mais tempo por causa da sua negação inicial de responsabilidade. Com o tempo Claire aprendeu que aceitando simplesmente que tinha falhado ou que não tinha entendido quais eram as suas responsabilidades numa determinada tarefa, ela e o gerente poderiam descobrir uma forma de aperfeiçoar sua interação, e a produtividade melhoraria muito.

Se você perceber que está lidando com o Tipo Irrepreensível, tente as seguintes estratégias:

- Documente, documente e documente. Mantenha registros detalhando os seus esforços para que possa se defender se for acusado (indevidamente) de ser responsável pelos erros causados pelo tipo "Não é Minha Culpa".

- Procure ser compreensivo. Ele (ou ela) teve provavelmente pais muito críticos. Por isso, tente minimizar essas vozes críticas lembrando que errar de vez em quando é normal.
- Quando o Tipo Irrepreensível "Não é Minha Culpa" consegue reconhecer um erro, não enfatize a situação para que no futuro ele não se recuse novamente a admitir o erro.

Se você tem esse tipo de personalidade, aplique as sugestões acima a si mesmo. Seja você um funcionário ou o patrão, lembre-se de que ninguém é perfeito, incluindo você, e que admitir um erro o tornará mais humano diante dos seus subordinados.

Além disso, você estabelecerá o exemplo de que é uma boa coisa admitir um erro. Assim, quem tem esse traço de personalidade verá que há quem assume a responsabilidade pelas próprias decisões e que errar de vez em quando não é o fim do mundo.

Pôr a culpa nos outros raramente funciona no trabalho, especialmente se você for o encarregado. Mesmo que o erro tenha sido cometido pelo seu subordinado, as perguntas cairão sobre você ("Por que você deixou isso acontecer? Por que não previu essa possibilidade?"). E mesmo que não for culpa do seu subordinado, você tem que resolver o problema porque está preso às consequências.

Não é só dizer "eu errei" que importa, ainda mais quando se trata de um chefe assumindo a responsabilidade por ações dos subordinados que levaram a um resultado pouco favorável: é preciso compreender o que aconteceu e como tudo pode ser diferente, e melhor, da próxima vez.

O colunista do *USA Today*, Craig Wilson usou uma abordagem incomum para a questão de assumir a responsabilidade pelos próprios erros na coluna intitulada "Erros são como senhas: todos nós os cometemos". A coluna era inspirada no livro do jornalista Joseph Hallinan, vencedor do Prêmio Pulitzer: *Why Make Mistakes: How We Look without Seeing, Forget Things in Seconds, and Are all Pretty Sure We are Way above Average.*

Ou como diz o conhecido provérbio: "Errar é humano, perdoar é divino."

O Sabotador

Cuidado com o Sabotador! Ele é o colega de trabalho, sócio, funcionário ou prestador de serviços que está disposto a traí-lo. Steve, que levou a assistente e os clientes de Bill para montar uma empresa concorrente, é um exemplo do Sabotador. Outro exemplo é o de quem provoca interferências no trabalho. Como explica o colega de trabalho de um Sabotador: "Se perceber que meu prazo está no fim e que preciso trabalhar sem interrupções, ele arruma algum jeito de me interromper, como se pretendesse *impedir* o meu sucesso." O desejo consciente ou inconsciente do Sabotador de ver alguém falhar não é tão incomum assim.

Na reunião semanal da equipe, Claudia ofereceu voluntariamente os trabalhos de Gordon porque um outro colega de trabalho, Jake, levou-a a acreditar que Gordon concordara com o seu pedido. Depois de um breve e embaraçoso momento, Claudia percebeu o seu erro, pediu desculpas pela confusão criada, isentou Gordon do compromisso e pensou que estava tudo resolvido.

Uma semana depois, entretanto, Gordon passou à equipe um e-mail importante, pedindo a todos que fizessem, para o dia seguinte, a avaliação de um novo produto vital para a empresa. Todos com exceção de Claudia receberam esse *e-mail*. Coincidência? Ou teria sido a ação de um Sabotador inconsciente?

Lidar com o Sabotador exige algumas estratégias:

- "Conhece o teu inimigo". Fique atento a esse indivíduo e ao que ele está tramando.
- Não baixe a guarda quando o Sabotador está por perto.
- Evite usar humor ou sarcasmo na frente do Sabotador. Se ele (ou ela) não tiver senso de humor, pode levar a sério o seu co-

mentário e até mesmo denunciar a um superior o que era para ser uma piada.

- Quando alguém age como o Sabotador, procure analisar com cuidado as suas interações passadas e atuais. Se achar que pode haver algum mal-entendido por trás da ação do Sabotador, procure corrigi-lo antes que as coisas piorem. Foi o que Claudia fez. Pediu desculpas outra vez a Gordon que, é claro, disse que não estava sentido com o que acontecera, embora Claudia soubesse que ele estava. Mas não tentou mais prejudicá-la, ou agir novamente como o Sabotador.

Se você se reconhece como o Sabotador, esforce-se para compreender por que age dessa forma e como pode atingir os mesmos objetivos sem ser desonesto ou do contra.

O Ladrão de Ideias

Você é convidado para jantar e pensa que está sendo tratado como amigo, mas o Ladrão de Ideias está apenas à espreita, trabalhando para que você fique à vontade e deixe escapar os detalhes do seu último projeto, ideia ou invenção. Como conta uma mulher de 38 anos que trabalha para uma empresa da área educacional: "A grande empresa para a qual trabalhamos roubou algumas ideias minhas e as passou para uma empresa concorrente e meus colegas não fizeram nada. Eles podiam ter protestado em minha defesa, mas se omitiram. Perdi dinheiro e influência dentro da empresa por causa desse procedimento."

A ação do Ladrão de Ideias pode levar a uma dupla traição: as suas ideias são roubadas e ninguém faz nada a respeito. Numa situação de trabalho, todo mundo precisa ter cuidado para não tomar inadvertidamente para si o crédito das ideias de algum colega. A maior parte das empresas enfatiza o trabalho em equipe. Mas ainda assim você pode manter o seu nome associado a partes de um projeto ou a ideias que são suas. Se você descobrir que o Ladrão de Ideias é seu chefe, a situação será mais difícil. Seu chefe pode achar que apresentar as suas ideias e conceitos como sendo dele é aceitável e até mesmo esperado. (Lembra do filme *Uma Secretária de Futuro*, da década de 1980? A chefe de Melanie Griffith, interpretada por Sigourney Weaver, tenta se apropriar das ideias da secretária. No filme, essa chefe era claramente retratada como vilã por fazer isso.)

Chefes seguros costumam dar o crédito a quem ele é devido, venha a ideia de um executivo de alto nível ou de um estagiário.

Eis algumas maneiras de lidar com o Ladrão de Ideias:

- Proteja as suas ideias registrando-as ou patenteando-as antes de mostrá-las para o Ladrão de Ideias.
- Às vezes, é melhor guardar para si mesmo as suas ideias.
- Mesmo que você trabalhe numa empresa gerando ideias como parte da sua função — e que a empresa seja dona das ideias que você desenvolve —, é bom evitar que outras pessoas roubem as suas ideias. Ter o crédito pelos seus conceitos originais pode ser a diferença entre uma promoção, um aumento de salário e mais *status*, e ser visto como um funcionário improdutivo que pode até ser dispensado.
- Se você sabe que alguém é um Ladrão de Ideias, talvez seja bom fortalecer a confiança dessa pessoa nas suas próprias contribuições elogiando os seus esforços. Assim, pode ser que ela não precise roubar as ideias dos outros nem tenha ressentimento pelas ideias e realizações dos colegas de trabalho. (Em geral, o Ladrão de Ideias não se considera capaz de gerar uma ideia original que alguém queira usar.)
- Se você se vê como um Ladrão de Ideias ocasional ou habitual, trabalhe para aumentar a autoestima, de modo a não precisar roubar as inovações dos outros.

- Se você sabe que tem muitas ideias originais e percebe que está interagindo com alguém que tem um pensamento semelhante ao seu, deixe claro para essa pessoa que você teve uma ideia semelhante por conta própria.

Aquele que tem Direito

Para Aquele Que Tem Direito, o mundo lhe deve tudo, o que dificulta muito as coisas para quem trabalha com ele. Há quem o veja como uma questão geracional: os que nasceram num determinado período teriam mais probabilidade de estar nessa categoria. Outros o veem como um tipo de personalidade. Se você trabalha com Aquele Que Tem Direito ou percebe que às vezes age dessa forma, lembre-se de que esse traço não é bom para ninguém num ambiente de trabalho ou na vida profissional.

Belinda era uma recém-graduada de 21 anos no seu primeiro emprego, que vivia ressentida com o salário e com o fato do seu trabalho envolver pequenas tarefas burocráticas ou administrativas (como fazer xerocópias) além de algumas tarefas mais criativas. Ela precisava aprender a priorizar as suas tarefas mas, no meio-tempo, abandonava muitas tarefas importantes em vez de fazer hora extra para ficar com o trabalho em dia. Em vez de discutir a sua frustração com o chefe, preferiu se demitir e arrumar outro emprego, mais próximo de casa. Ou seja, deixou o chefe na mão e depois lhe pediu uma carta de referência.

Na verdade, pode ser bom para Aquele Que Tem Direito começar com um cargo de iniciante para que possa trabalhar para subir na empresa. Realizar pequenas tarefas que parecem triviais ou abaixo de sua capacidade pode ajudar esse tipo de pessoa a ser um pouco mais humilde. Mas, quando Aquele Que Tem Direito é o herdeiro de alguém que tem o mesmo traço, essa nova geração pode ser ajudada ou encorajada a pular alguns degraus. Assim, pode achar que começar no segundo ou terceiro degrau da escada e não lá embaixo é o caminho que intrinsecamente merece.

Enfrente Aquele Que Tem Direito da seguinte maneira:

- Faça com que Aquele Que Tem Direito saiba que as expectativas são para todos sem exceção.
- Resista à tentação de dar a ele tarefas simples ou sem sentido só para lhe ensinar uma lição. O tiro pode sair pela culatra, reforçando o seu desprezo por um trabalho menos desafiador. Ajude-o a perceber a lição que há nessas tarefas.
- Anime-se com a ideia de que essa é uma fase que os novatos acabarão superando (ou poderão ficar sem emprego em pouco tempo).

Se você reconhece Aquele Que Tem Direito em si mesmo, evite agir como se lhe fosse destinada alguma coisa maior, seja esse o seu primeiro ou o seu décimo emprego. Se você aceitou um emprego ou projeto, seja humilde e aceite qualquer tarefa que o trabalho exija — seja qual for a sua idade ou a sua capacidade.

O Mentiroso

Essa não é a pessoa que se vale de pequenas mentiras para ser polido ou diplomático. Não. Esse é o Mentiroso patológico que não consegue deixar de distorcer a verdade para frustrar as realizações de outra pessoa. Ele pode inflar resultados de vendas, contar mentiras completas ou fabricar histórias que lancem sobre ele uma luz melhor. Seja como for, o Mentiroso tem um problema que não vai ser curado do dia para a noite.

Pegar o Mentiroso numa mentira e discutir em particular o que aconteceu e que pode ser muito embaraçoso ou até haver implicações legais caso a mentira seja levada à atenção das autoridades, pode deixar o Mentiroso com medo, levando-o a corrigir o seu comportamento. Dê um exemplo de consistência com a sua própria integridade, de modo a estabelecer um modelo que sirva de medida para os outros. Mesmo uma mentira aparentemente insignificante, como mentir sobre a própria idade, pode justificar inadvertidamente a mentira por conveniência e transmitir a mensagem tácita de que a mentira é tolerada no ambiente de trabalho.

Ajude o Mentiroso a entender que, se lhe fizerem perguntas que têm pouca relação com os negócios ou que são impróprias num contexto do trabalho, como o seu estado civil ou seu salário, dizer que prefere não responder à pergunta é melhor do que mentir. Como Julie Jansen, autora de *You Want Me to Work With Whom?*, disse ao ser entrevistada: "Infelizmente, os mentirosos muito hábeis aprendem a controlar a linguagem corporal. Eu, por exemplo, sou uma péssima mentirosa. Fico me remexendo e desviando os olhos. Mentirosos competentes são difíceis de detectar porque são convincentes."

Carol Kinsey Goman, autora de *The Nonverbal Advantage*, fala de comportamentos que ajudam a determinar se alguém está mentindo: "Incongruência entre o que a pessoa diz e a sua linguagem corporal (como dizer 'não' e fazer que 'sim' com a cabeça); aumento no ritmo das piscadas — acima de 50 piscadas por minuto — ou da vibração das pálpebras; olhar para baixo depois de afirmar inocência; afirmações mais curtas e menos descritivas; pupilas dilatadas; tocar o rosto — especialmente em torno da boca e do nariz."

Se você está lidando com o Mentiroso, experimente:

- Proteger-se sendo muito claro acerca dos fatos e das verdades em todos os momentos.
- Evite acusar alguém de "mentiroso" a menos que seja absolutamente necessário, já que esse tipo de acusação não vai pegar bem para você.
- Documente o seu trabalho e suas realizações de modo que tudo o que faz esteja sempre em ordem, mesmo que alguém próximo de você seja pego numa rede de mentiras.

Compartilhar informações confidenciais com o Fofoqueiro, mesmo que isso seja do seu interesse, é um grande risco porque o que você disse será provavelmente repetido para outros colegas de trabalho e até mesmo para o seu chefe. O Fofoqueiro pode arruinar rapidamente a reputação de alguém, pois rumores se espalham como fogo! Caso a fofoca seja sobre perda de clientes ou problemas financeiros da empresa, o pânico pode se espalhar, semeando suspeitas e inseguranças quando a confiança e as atitudes positivas são muito melhores para todos.

O que faz alguém se tornar o Fofoqueiro? Talvez a causa seja a necessidade de ser amado ou aceito. O Fofoqueiro pode achar que ter informações "exclusivas" sobre alguém ou sobre a empresa lhe dá acesso a círculos fechados ou a panelinhas de colegas que de outra maneira o excluiriam. Há também o Fofoqueiro que age assim para levar alguma vantagem no trabalho e o Fofoqueiro que acha que a fofoca humaniza o ambiente de trabalho por dividir informações alheias ao trabalho sobre os colegas e sobre o chefe. Em geral, o Fofoqueiro que usa a fofoca para criar um ambiente de trabalho mais coeso não vê como um traço malicioso ou indesejável a sua tendência a compartilhar pequenas informações pessoais e confidenciais: ele se vê como alguém que está apenas passando informações ou compartilhando as novidades como forma de se ligar aos outros.

Sandra era a Fofoqueira do escritório; compartilhava informações sobre certos colegas que poderiam dar a outros colegas, aqueles a quem ela se sentia ligada, alguma vantagem naquele competitivo ambiente de trabalho. Com meia dúzia de colegas competindo por uma única promoção ao patamar seguinte da escada, Sandra, que tinha uma função administrativa, achava que precisava ser amiga de cada colega, de modo a conseguir o máximo de informações para passar aos concorrentes daquele colega. Quando alguém descobria o que

Sandra estava tramando, escondia qualquer informação pessoal ou profissional que ela pudesse usar. Só que às vezes era tarde demais para deter a disseminação dos rumores que eram aceitos como fatos por colegas e supervisores e que minavam os objetivos desse funcionário.

Por exemplo, Sandra arranjou para uma colega uma entrevista com um amigo que tinha uma empresa de consultoria. Depois, usou a situação como prova de que a colega estava buscando ativamente trabalho como consultora e que não estava totalmente comprometida com o emprego atual. O fato de a própria Sandra ter sugerido a entrevista, ou de que muitos funcionários faziam trabalhos de consultoria por fora, jamais foi mencionado. Meses mais tarde, foi mencionado no relatório de avaliação da colega que ela tinha procurado outras oportunidades de emprego e que não estava totalmente comprometida com o atual emprego — embora Sandra tivesse armado para ela e depois espalhado para todos questões privadas da sua carreira.

Ao lidar com o Fofoqueiro, eis algumas estratégias que podem ajudar:

- Deixe claro que você não quer saber de fofocas sobre colegas ou chefes e nem mesmo de rumores infundados sobre a empresa. Se o Fofoqueiro começar a contar a você alguma coisa que não quer ouvir, seja dramático: tape os ouvidos e diga que não quer saber de rumores e insinuações. E vá embora.
- Quando perceber que alguém é o Fofoqueiro, seja por maldade ou por carência, guarde deliberadamente para si mesmo qualquer informação profissional ou pessoal que possa ser compartilhada na sua ausência.

Examine também o seu próprio comportamento. Rumores sobre gravidez, ligações ou rompimentos românticos, futuras viagens ou excursões, dificuldades familiares, aspirações de carreira ou busca de emprego são ótimos para compartilhar, mas podem também colocá-

-lo no papel do Fofoqueiro, por mais amigáveis ou inocentes que sejam as suas intenções.

O Incompetente

Ao contrário do Prevaricador (descrito mais adiante), que tem capacidade mas não a exerce, o Incompetente simplesmente não tem a capacidade, a inteligência ou a personalidade necessárias para o seu trabalho. Isso pode ser um descompasso entre o indivíduo e as exigências do cargo ou uma incompetência mais profunda, devida a um treinamento inconsistente ou fraco. O Incompetente pode ser também completamente despreparado ou estar na posição errada.

Susan vibrava por ter conseguido um emprego como assistente administrativa com múltiplas responsabilidades: tinha que escrever cartas, fazer contatos e vendas pelo telefone. O único problema era que Susan não gostava de usar o telefone. Infelizmente, essa capacidade constituía, no mínimo, 50% dos requisitos para o seu trabalho e, sem ela, não só a empresa se arriscava a uma perda no crescimento da receita que essas chamadas poderiam gerar, mas Susan não conseguiria uma recomendação positiva do seu supervisor. Nesse caso, a incompetência de Susan era causada em parte por sua personalidade, que era muito tímida. Mas o mais importante era a sua relutância em fazer um treinamento e obter ajuda para superar as limitações causadas por suas preferências. Em poucos meses, Susan percebeu que esse trabalho com múltiplas finalidades não servia para ela e deixou o emprego. Ao procurar uma nova colocação, ela procurou ter certeza de que o trabalho não tinha qualquer função de vendas, incluindo contatos ou solicitações de negócios por e-mail ou pessoalmente.

Em alguns casos, trabalhar com o Incompetente significa fazer o seu trabalho e o dele, até que ele (ou ela) seja substituído ou vá embora voluntariamente, por frustração ou vergonha. Mas em outros casos, como nas áreas da saúde ou da segurança, trabalhar com o Incompetente pode pôr em risco a sua vida ou a vida de outras pessoas. É preciso avaliar com muito cuidado quando é seu dever moral procurar um supervisor, gerente, diretor de recursos humanos ou até mesmo uma associação profissional e reportar que um colega de trabalho está pondo em risco a vida de outras pessoas.

Se você reconhece que algumas das suas habilidades estão enferrujadas e precisam de uma atualização, ou que você precisa adquirir conhecimentos que lhe faltam, seja proativo e faça cursos, procure mentores ou comece a ler mais para aperfeiçoar as suas habilidades e adquirir outras, que o ajudem a fazer bem o seu trabalho. Procure o departamento de recursos humanos. É possível que a sua empresa tenha uma política de pagar parte ou a totalidade de cursos de instrução profissional para que você estude e obtenha um diploma com o objetivo de melhorar a sua competência.

O Manipulador

O Manipulador pode fazer com que você saia sorrindo da sala de reuniões — até perceber que foi levado a aceitar muito mais trabalho do que pode dar conta. Mas o Manipulador lhe disse como você é talentoso e eficaz. Você se sentiu lisonjeado, mas agora se sente manipulado. Se tentar pular fora dessas tarefas, pode acabar rotulado como O Prevaricador.

O que faz alguém se tornar o Manipulador? Toda uma vida de incapacidade de ser direto com os outros a respeito das próprias necessidades. O Manipulador se vale do artifício e da falsidade para forçar as pessoas a fazer o que ele precisa, por meio da coerção indireta e lisonjeira, de ameaças ou de promessas de ganhos materiais. O manipulador típico não tem consciência do que está fazendo. Essa maneira de obter o que deseja é tão arraigada que acaba se tornando a sua forma de interagir com os outros. Em algum ponto do seu passado, a mãe, o pai, um professor ou alguma outra pessoa próxima se comportava dessa maneira; a característica foi passando de geração em geração, assim como a cor dos cabelos ou o tipo sanguíneo. Sem se conscientizar dessa tendência e sem fazer um esforço para mudar a sua maneira de ser, passando a ser franco e direto com os outros, o Manipulador continuará usando os seus métodos furtivos em situações pessoais e profissionais.

Bill deseja que os seus funcionários deem o máximo de si mas, em vez de fazer uma reunião semanal de motivação, cria situações de competição entre os funcionários e consultores externos, manipulando-os para que melhorem o desempenho por medo de ficarem em desvantagem diante dos concorrentes. Quem recebe as mensagens de e-mail ou quem tem as suas mensagens respondidas, quando e por que, não obedece a um critério consistente; a inconsistência é uma característica do Manipulador. Embora o sucesso dos ambientes de trabalho dependa em geral de objetivos e procedimentos conhecidos e consistentes, o Manipulador recria no seu ambiente de trabalho as inconsistências que conheceu nos seus anos de formação.

Se você tiver que lidar com o Manipulador, eis algumas estratégias úteis:

- Tenha consciência de que está lidando com o Manipulador para diminuir a probabilidade de ser enganado logo de saída. Como a inconsistência é parte do comportamento desse tipo, você não pode esquecer com quem está lidando, mesmo quando o Manipulador age temporariamente de maneira normal, consistente e não manipuladora.
- Se você é manipulado por essa pessoa e acaba assumindo mais trabalho do que pode dar conta — ou do que deveria assumir — procure alguém para ajudá-lo, de modo que o trabalho seja realizado e você não precise desistir.
- Ensaie as suas respostas para estar preparado da próxima vez que esse tipo de pessoa lhe perguntar se você quer se oferecer para fazer alguma coisa ou assumir responsabilidades muito além da sua função. Em geral, o Manipulador tem a estranha

capacidade de perceber a sua necessidade de ser aceito e receber aprovação e de jogar com isso. Por isso, fique firme ao lidar com esse tipo de pessoa.

O Puxa-Saco

Como costumava dizer um certo executivo de serviços financeiros: "Posso ser puxa-saco, mas continuo aqui." Então, por que o Puxa--Saco é objeto de tanto escárnio? Ou ainda, se você é um deles, por que os outros parecem não gostar de você? O Puxa-Saco pega um traço que é comum a quase todo mundo na vida profissional — querer ter sucesso e ser apreciado pelo chefe — e o amplifica a ponto de não ser mais genuíno e de se tornar óbvio para todos.

O Puxa-Saco age assim porque funcionou para ele nos primeiros anos de vida. (Pense no personagem Eddie Haskell no antigo seriado "Leave It To Beaver".) Ou ele pode ter sido criado numa família com vários irmãos e procurava chamar a atenção fazendo tudo que lhe pedissem. Na escola, é provável que essa pessoa tivesse boas notas, em parte porque se esforçava para ser conhecida pelos professores, elogiando-os de tal forma que eles não se davam conta de que isso estava tendo um impacto positivo nas suas notas.

É claro que essa é uma característica que você pode ignorar. Certamente ela não é tão insidiosa ou perturbadora como o *bully* (ver a Estratégia 47 — Enfrente o *Bully* do Local de Trabalho — para aprender a lidar com o *bully*). Mas mesmo assim pode ser bem desagradável. Todo mundo, incluindo você, está trabalhando duro e fazendo o que é preciso fazer, mas o Puxa-Saco, que está sempre elogiando o chefe ou incensando o desempenho de algum colega de trabalho, ganha créditos e até aumentos, que parecem desproporcionais àquilo que ele realmente faz.

Você pode imitar o comportamento do Puxa-Saco mas, se isso não fizer parte da sua natureza, essa técnica pode se voltar contra você.

Caso se mostre afoito ou óbvio demais, *você* poderá ser rotulado de Puxa-Saco — enquanto quem realmente age dessa forma aperfeiçoou a técnica de tal maneira que seus modos insinuantes passam despercebidos para a maior parte das pessoas, especialmente aquela que ele está tentando agradar.

Ao lidar com o Puxa-Saco:

- Lembre-se de que eles têm uma forte necessidade de agradar qualquer figura de autoridade. Não o atrapalhe na tentativa de ganhar reconhecimento, mas não permita que o ponham de lado por causa disso.
- Tente não caçoar do Puxa-Saco, mesmo que a necessidade dele de agradar seja óbvia e desagradável.
- Não deixe que o Puxa-Saco lhe tire nenhuma oportunidade legítima de brilhar aos olhos da figura de autoridade.

Se você é um Puxa-Saco e sente que os outros se ressentem por causa disso, talvez tenha que trabalhar um pouco mais a sua técnica, de modo que os seus esforços para conquistar os seus superiores não sejam tão óbvios.

O Fanfarrão

Todo mundo pode se vangloriar um pouquinho, mas o Fanfarrão se vangloria sempre e de modo a fazer com que as pessoas à sua volta se sintam diminuídas e ressentidas. Quase todo mundo já se viu às voltas com o Fanfarrão, embora você possa tê-lo conhecido por um nome diferente: o Arrogante.

Como lidar com esse tipo de personalidade? Talvez você até queira trabalhar com ele porque pessoas desse tipo costumam ser inteligentes e ter algo a oferecer, só que isso vai contra a sua natureza. (Talvez haja problemas de competição no local de trabalho que o estejam atrapalhando, mas esse é um dos seus traços pessoais, com que você precisa aprender a lidar.)

Se alguém procurar o Fanfarrão para discutir um assunto do momento, ele pode dizer alguma coisa do gênero: "Eu tenho uma reunião de US$ 500 mil às 13 horas e estou terrivelmente ocupado. E trabalho melhor com hora marcada. Podemos marcar uma hora para conversar?" Alguém que não seja o Fanfarrão, pode dizer a mesma coisa de outro jeito e com melhores resultados: "Estou apressado porque tenho uma reunião importante às 13 horas e, como sei que você também é muito ocupado, vamos marcar uma outra hora que seja melhor para nós dois?"

Na infância, o Fanfarrão pode ter visto muitas vezes o pai ou a mãe se gabando das próprias qualidades. Ou pode ter sido o contrário: seus pais eram tão avessos a elogios que ele passou a ter uma necessidade excessiva de receber elogios. Na escola, ou em empregos anteriores, pode ser que ele tenha se destacado por alguma realização, o que criou a necessidade de continuar em busca desse tipo de atenção por suas realizações. Sentir-se interiormente bem com o próprio trabalho não é suficiente: ele tem a necessidade internalizada do elogio dos outros, especialmente dos que estejam em posição de autoridade.

Nas reuniões semanais de equipe, Sophie tinha tanta necessidade de contar para o chefe e para os colegas de trabalho o que tinha feito durante a semana que a reunião se arrastava muito além do horário planejado. Será que os colegas tinham realizado menos que ela? Ou será que ela insistia em cada coisa que tinha feito para ser vista como "a melhor"? Sophie percebeu que precisava dominar essa necessidade de se vangloriar para que a reunião terminasse mais depressa. Na reunião seguinte, limitou-se a destacar um ou dois itens de mais interesse em vez de saturar a sala com tantos detalhes.

Não evite totalmente o Fanfarrão. Você pode se beneficiar da convivência com essa pessoa, mesmo que esse traço o aborreça. Como?

Analise quaisquer problemas de competição e de insegurança que possa ter e descubra por que o comportamento do Fanfarrão é tão ofensivo para você. Além disso, mostre para si mesmo que você é maior do que as suas emoções e que negócios são negócios. Finalmente, pode haver traços positivos por trás do exterior cansativo do Fanfarrão que você poderá descobrir se lhe der outra chance.

Por outro lado, experimente estas estratégias para lidar com esse traço se o reconhecer dentro de você:

- Em vez de ser o Fanfarrão que causa inveja, ciúme e ressentimento, deixe que os outros se vangloriem por você.
- Se o seu trabalho é criativo, contrate um gerente ou um agente para ser o Fanfarrão por você.
- Se não tiver um agente e tiver que se vender para os outros, é melhor minimizar as suas realizações, mas sem ser modesto a ponto de não conseguir deixar uma forte impressão favorável.
- Tenha confiança em si mesmo e no que realizou sem achar que precisa ficar contando para todo mundo antes que seja o caso.

O Prevaricador

Desde que você não precise trabalhar com o Prevaricador, ele é problema da empresa ou de outra pessoa. Mas se você e o Prevaricador estão na mesma equipe, ou se dependem um do outro para concluir partes de um projeto, o Prevaricador pode atrasar diretamente a sua vida. Ele pode atormentá-lo no trabalho e até mesmo pôr o seu emprego em perigo.

Beau era o Prevaricador da empresa. Aceitava fazer qualquer coisa para os dois chefes a que era subordinado mas, se não conseguisse terminar a tarefa, partia para outra em vez de trabalhar até concluir o trabalho. Como duas pessoas contavam diretamente com ele, o Prevaricador prejudicava os seus supervisores, assim como a produtividade geral da empresa. Como muitos prevaricadores, Beau era inconsistente na sua maneira de trabalhar. Dava para trás em algumas tarefas, mas realizava outras às vezes muito bem. Diante dessa inconsistência, seus supervisores nem sempre encontravam uma justificativa para tirar algumas tarefas das mãos de Beau, já que às vezes ele terminava o que começava. Quando Beau quer receber uma avaliação positiva dos supervisores e quando quer ficar com fama de eficiente, de alguém que termina as tarefas que lhe são passadas, ele precisa trabalhar a sua reputação e a tendência a ser o Prevaricador da empresa.

O que faz com que alguém seja assim? Nos empregos anteriores, ou até mesmo durante os anos escolares, pode ter sido estabelecido um padrão de inconsistência que essa pessoa adotou como a sua abordagem geral à responsabilidade. Talvez houvesse a tendência a fazer vista grossa para coisas que deixavam de ser feitas em casa, no acampamento ou na escola. Ser inconsistente se tornou aceitável, ou pelo menos tolerado, de modo que essa pessoa não aprendeu as consequências potencialmente graves de ser o Prevaricador, ocasionalmente ou o tempo todo. Além disso, ela pode ter tido alguém que fazia as coisas no seu lugar. Por exemplo: quando adolescente, a mãe o mandava limpar o quarto mas a faxineira acabava limpando o quarto por ele. Agora, na vida profissional, pode ser que ele espere, inconscientemente ou não, que venha alguém e conclua as tarefas por ele. Pode até ser que apareça alguém que o ajude a concluir as suas tarefas mas, em algum momento, vai ficar claro que ele é menos produtivo do que o necessário, ou que outros precisam aliviar a sua carga de trabalho. E isso certamente não contribui para o avanço da carreira de ninguém. Características que eram toleradas na infância, na adolescência e até mesmo no começo da vida adulta, têm que ser resolvidas na vida profissional para que essa pessoa venha a ter sucesso.

Como no caso de Beau, o Prevaricador pode não se evadir consistentemente dos seus deveres. Procure ver um padrão no que ele protela ou deixa de lado. Quem pediu ao Prevaricador para realizar essas tarefas? Um colega de trabalho? O chefe? Um cliente? Se souber de uma ocasião em que o Prevaricador foi consistentemente confiável, procure descobrir as circunstâncias desses triunfos e como ajudar o Prevaricador a duplicar essas conquistas.

Se você está lidando com o Prevaricador:

- Em vez de apenas criticar o Prevaricador, fazendo com que se sinta ainda pior consigo mesmo, veja se consegue aumentar a sua motivação para desempenhar suas tarefas.
- Ficar criticando raramente funciona e, mesmo que funcionar, o sentimento negativo que isso provoca pode criar mais problemas no longo prazo do que dar uma tarefa específica para o Prevaricador.
- Certifique-se de que esse é mesmo um problema seu. Se o fato de a pessoa não fazer o seu trabalho da maneira mais efetiva possível não o afeta diretamente e se ela não está subordinada a você, esse problema não é seu. O mau desempenho dela será descoberto a seu tempo.

O Pessimista

Esse tipo lhe diz de boa vontade por que alguma coisa não vai funcionar em vez de explicar os seus possíveis benefícios. Pode ser debilitante e exaustivo trabalhar com o Pessimista (ou o Depressivo). Tudo o que você sugere, cada plano que tem, cada ideia nova que defende é motivo de críticas e dúvidas. "Mas..." é a palavra favorita do Pessimista. Essa pessoa consegue descobrir o lado negativo de tudo! Ela suga a vida e a energia de uma equipe positiva.

O Pessimista pode ter sido criado numa casa em que havia muita doença e frustração financeira. Cada vez que ele ficava animado com alguma coisa, a saúde de alguém piorava, o pai perdia o emprego, o salário era cortado drasticamente. Como resultado, ele cresceu com medo — sempre à espera de ouvir uma má notícia.

Quando as coisas vão bem, ele tem medo de que alguma coisa ruim aconteça para contrabalançar o positivo. Como muitos desses traços de personalidade, a tendência a ser o Pessimista passa em geral de pai para filho; crescendo numa atmosfera negativa, é difícil desenvolver uma atitude positiva. Esse tipo de personalidade é medroso. E também carente; mas, infelizmente, o Pessimista tende a afastar as pessoas, aumentando a carência e criando assim um círculo vicioso.

Quando as coisas vão bem no trabalho, você pode ter a certeza de que Patricia vai chegar com alguma coisa negativa. Ela ajudaria se apontasse algumas tendências ou desenvolvimentos que deveriam ser mais bem observados, mas Patricia é a Pessimista, que tem que jogar água fria em tudo, seja lá o que for. É da natureza dela. Quando alguém vai passar as férias num belo local ensolarado, ela diz inevitavelmente: "Espero que não chova todos os dias." Quando alguém apresenta um bom resultado de vendas numa determinada semana, ela diz: "Será que isso não vai acabar com o nosso estoque antes que possamos repô-lo?" Chegou o ponto em que ninguém quer conversar com a Patricia porque ela vai jogar água fria em qualquer coisa que lhe contem ou introduzir um pensamento negativo em qualquer coisa que esteja acontecendo na empresa ou na vida das pessoas. Como resultado, Patricia acaba ficando muito mais isolada do que deveria, o que faz com que se sinta ainda mais triste e negativa, o que reforça a sua tendência a ser o Pessimista.

Se você tem que conviver com o Pessimista, experimente algumas dessas táticas:

- Como no caso de muitos desses tantos traços negativos, lembre-se de que o ponto de vista do Pessimista não reflete necessariamente a realidade.
- Procure se mostrar leniente: "Você tem medo que as pessoas o considerem cordato demais se aceitar a minha sugestão?" ou "Sei que você não vai aceitar a minha sugestão, mas deixe-me dá-la mesmo assim."

- Procure manter a atitude positiva a despeito de o Pessimista fazer de tudo para derrubá-lo. Você é responsável pelo seu próprio estado mental.
- Evite a companhia dele no seu tempo livre. Prefira a companhia de colegas de trabalho positivos e entusiasmados!

Estratégia 7
Cultive Relações com Tipos Positivos

Quando você tem a sorte de encontrar alguns desses tipos positivos no local de trabalho, não hesite em ficar amigo deles e cultivar essa relação. São essas as pessoas que vão ajudá-lo a prosperar no trabalho.

Ao mesmo tempo, é vital enxergar além do rótulo óbvio de "mentor" ou "protetor" e compreender como esses traços podem ter o efeito contrário na empresa ou na sua carreira se você não ficar de olhos abertos.

O Confiável

Esse é um dos traços mais importantes num colega para que você se sinta mais confortável e confiante no ambiente de trabalho. O Confiável é alguém com comportamento consistente e que honra qualquer compromisso. Pergunte a alguém que traço prefere num colega ou chefe que a resposta provavelmente será a confiabilidade: quase todo mundo prefere alguém com que possa contar.

Ser o Confiável é uma característica admirável no trabalho, que todo mundo deveria adotar na vida profissional. No entanto, quem é o Confiável pode ficar magoado se achar ingenuamente que todo mundo opera nesse mesmo nível de confiabilidade. Sem se certificar de que os outros merecem a sua confiança, o Confiável pode inadvertidamente pôr a empresa ou a si mesmo numa situação de risco.

O Mentor

O Mentor coloca o seu crescimento e o seu avanço como uma prioridade. Um verdadeiro mentor não se sente ameaçado pelo progresso do outro, mas se alegra com o seu desenvolvimento profissional. Embora inicialmente possa ser difícil ficar amigo do Mentor, já que a amizade pode interferir nesse papel, o fato de trabalharem tão próximos pode gerar uma amizade. Eu já escrevi sobre Nancy Creshkoff, a minha primeira chefe na Macmillan Publishing Company, e a descrevi como Mentora. Em poucas palavras, Nancy levava muito a sério a tarefa de ajudar os seus funcionários a ter o melhor desempenho possível. Além de nos fazer frequentar aulas semanais de gramática e de nos indicar livros para ler, ela organizava encontros regulares em restaurantes ou na sua casa. Como foi a minha primeira chefe na área editorial, ela estabeleceu um padrão muito alto, que eu mantive em todos os empregos que tive ao longo dos anos. Você reconhecerá o Mentor quando tiver um. Senão, procure por um mentor no seu trabalho e, se não for possível, por meio de associações com programas de *mentoring*. Um programa de que me lembro é o Mystery Writers of America, que aproxima profissionais experientes de escritores novatos, assim como o Women's Media Group, que tem um programa de *mentoring* formal para mulheres de grupos minoritários que atuam na mídia ou na área editorial.

O Parceiro

Em vez de vê-lo como um escravo, se for o chefe, ou como uma ameaça, se for um colega, o Parceiro vê a todos como uma parceria.

Um por todos e todos por um, como diz o ditado, é uma abordagem positiva e eficaz para o trabalho em conjunto.

O ex-chefe de Ruth Perryman era um exemplo do papel do Parceiro. Ruth explica: "Éramos parceiros. Era uma empresa de captação de recursos. Era ele que captava os recursos e gerenciava o relacionamento com os doadores. Eu cuidava do orçamento e do departamento de RH. Assim, um deixava o outro em paz. Uma vez por semana, ou mais vezes se fosse necessário, trocávamos informações."

Há inúmeros casos em que o papel do Parceiro é desempenhado com perfeição e a parceria floresce no trabalho. Mas há outros casos em que os papéis se sobrepõem demais, a competição cresce e a parceria começa a perder o seu valor. Se você encontrar o Parceiro no seu trabalho, é essencial reavaliar periodicamente essa parceria. Não só as personalidades mudam mas as situações também mudam, assim como as condições de mercado que determinam se a empresa precisa levar a administração numa nova direção. Às vezes, quem trabalha em parceria prefere ter só uma pessoa no comando.

O *Coach*/Treinador

Há colegas que compartilham com você tudo o que aprenderam. Essa é uma ótima maneira de ganhar conhecimento e *insights* sem ter que fazer um curso ou ir a um *workshop* de treinamento. O *Coach*/Treinador tem satisfação em compartilhar a sua *expertise* com os outros. Isso pode ser extremamente benéfico para a empresa, especialmente se a informação for alguma coisa de que a empresa precisa. Mas quando o *Coach*/Treinador quer simplesmente compartilhar qualquer coisa — das vantagens do novo software que não interessa a ninguém aos detalhes do curso que ele faz no retiro anual — a característica pode ser exaustiva e disruptiva. Assim, é melhor que o *Coach*/Treinador espere que alguém lhe peça para compartilhar a sua experiência.

O Facilitador

Ajudar os outros a compartilhar e conduzir uma discussão ou até mesmo um departamento de modo que estabeleça metas e tenha confiabilidade quanto ao seu cumprimento, são os traços do Facilitador. O Facilitador pode ajudar a fazer com que as discussões avancem, um papel muito apreciado em grupos pequenos. Mas quando O Facilitador desempenha esse papel informalmente, isso pode gerar algumas disputas de autoridade, já que essa função coloca essa pessoa acima das outras, como diretora da discussão ou da situação. Essa função pode também afastar essa pessoa das outras: se a formação em equipes e a igualdade são as metas numa empresa, quem desempenha o papel de O Facilitador, seja de maneira formal ou não, pode acabar frustrando as metas do grupo.

O Visionário

Enquanto os outros estão se perguntando o que fazer no fim de semana ou nas férias, o Visionário está imaginando o que a empresa deverá estar fazendo nos próximos cinco ou dez anos. O Visionário pode ser um recurso maravilhoso para um departamento, para uma empresa e até para uma área de atividade. Ainda mais se o Visionário tiver um histórico de visões que acabam se revelando corretas, suas opiniões serão requisitadas.

Se você conhece o Visionário, cuidado para não deixar que suas visões não comprovadas para o futuro ditem as suas ações ou o impeçam de pensar por conta própria ou de desenvolver as suas próprias visões. Se você é o Visionário, cuidado para não se concentrar no futuro e deixar de pôr a sua determinação e energia no que deveria realizar no dia a dia ou no curto prazo.

Há uma sabedoria instintiva no Visionário que não depende necessariamente de leituras ou de graus acadêmicos. O Visionário é alguém que pode ser valioso no trabalho porque tem uma compreensão das metas da empresa ou do foco de um determinado projeto. Na vida profissional, o Visionário pode ajudá-lo a entender o que é essencial para se sair bem na sua área de atividade e que tendências vale a pena adotar. Uma característica importante do Visionário é o que a *coach* Julie Jansen chama de autoconsciência. Diz ela: "Se alguém com quem trabalho sempre me faz ficar na defensiva, o que ninguém gosta, no momento em que essa pessoa vai abrir a boca, começo a repetir um mantra [sobre ficar calma aconteça o que acontecer]." Assim, estando sempre atento ao quadro geral, evita-se uma confrontação negativa.

O Motivador

Ao contrário do resmungão, que faz com que você queira fazer o oposto, tão chatas são as suas reclamações constantes, o Motivador tem a capacidade de trazer à tona o que há de melhor em você. Ele faz com que você se sinta orgulhoso e determinado. O Motivador é a torcida dos colegas de trabalho, do chefe, do produto e da empresa. Mas fique atento à situação como um todo: o Motivador pode ver apenas o que é positivo e enfatizar as razões para se experimentar alguma coisa, sem enxergar as razões para questionar e até engavetar essa coisa. Além disso, se alguém atua como Motivador para você, você pode passar a depender demais de motivação externa, deixando de lado a motivação que vem de dentro.

Se você é o Motivador, tenha cuidado para não dedicar todo o seu tempo, energia e motivação às ações dos seus colegas ou funcionários, a ponto de esquecer as suas próprias metas.

O Confiante

"Você consegue fazer isso" é a filosofia do Confiante. Por quê? Porque consegue! É simples assim. Outros terão uma lista de razões que explicam por que você não consegue fazer isso ou até mesmo uma lista de razões que explicam por que consegue, mas o Confiante tem esse sentimento visceral de que você consegue, e isso basta. Essa confiança em você é contagiosa de uma forma muito positiva. É bom ter o Confiante por perto quando você está especialmente vulnerável porque está abrindo uma nova empresa, apresentando uma ideia nova, compartilhando uma visão ou um projeto que o entusiasma. Mas como a iniciativa cabe a você, você pode ir em frente, entusiasmado e determinado, ou pode recuar e desistir.

Buddy Hobart, fundador da Solutions 21, uma empresa de consultoria organizacional e estratégica de Pittsburgh, falou sobre a Confiante que foi a primeira funcionária da sua empresa, contratada seis meses depois da sua fundação. Diz Hobart: "Eu estava começando a formular a nossa visão. Ela se juntou a nós e acreditou nessa visão. Ficávamos sentados no escritório dizendo que teríamos pessoas distribuindo programas pelo mundo todo, que estaríamos em múltiplos locais e que teríamos talentos em diferentes partes do país e em diferentes partes do mundo ao mesmo tempo. Ela via essas possibilidades quando tínhamos apenas uma salinha. A sua disposição para acreditar naquilo me motivou a continuar no caminho e a fazer tudo dar certo. Essa confiança e essa fé foram motivadores incríveis." Quatorze anos depois, a Confiante ainda está com Hobart, é a sua vice-presidente de operações.

O Negociador

É muito bom ter por perto o Negociador quando você trabalha com pessoas que tendem a entrar em situações de confronto. É claro que há negociadores que negociam como parte da sua função mas, neste caso, estamos discutindo as características da personalidade do Negociador, diferente por exemplo de alguém que toma partido e que tem fortes opiniões que não podem ser modificadas. O Negociador é capaz de intervir quando é necessário, ou se a situação é entre ele e mais uma pessoa, a ceder e a encontrar um meio-termo. "Está bem, se você quer viajar mais mas a sua verba foi cortada, por que não concorda em viajar com menos frequência e a prestar mais atenção nas suas contas de alimentação e hotéis quando viaja?"

O Lisonjeiro

Você precisa de um tapinha nas costas? É o Lisonjeiro que você tem que procurar. Scott Swanay, 44 anos, que dirige o Fantasy Baseball Sherpa e o Fantasy FootballSherpa, dois serviços de consultoria baseados na web, teve a boa sorte de trabalhar para o Lisonjeiro quando trabalhava como atuário na área de seguros. Ele explica: "Ele e eu trabalhávamos muito bem juntos. Ele reconhecia os meus esforços. Quando eu fazia um bom trabalho, ele contava para os outros. Dizia coisas assim: 'Temos muita sorte de ter você aqui. Você é muito aplicado e muito bom no que faz. Não sei o que faria sem você.' Ele falava sobre isso com outras pessoas via e-mail e eu me sentia muito bem com isso. Ele fazia com que eu me sentisse motivado. Fazia com que eu quisesse me esforçar ainda mais, embora não fosse o seu subordinado direto."

O Protetor

Esse tipo de pessoa sempre o protege e isso é especialmente importante em ambientes de trabalho em que você não está sempre presente. O Protetor fica atento ao que interessa a você e, por outro lado, você faz o mesmo pelos outros. Quando há novas regras ou regulamentos que interessam a você, o Protetor vai informá-lo. Se você fica sabendo de alguma coisa relacionada ao trabalho que terá um impacto sobre você e os outros, você informa todo mundo.

A única desvantagem de ser o Protetor é que você pode se concentrar tanto em ajudar e proteger os outros que acaba ficando para trás. Assim, é importante atuar também como Protetor de si mesmo.

O Confiável

Esse é um traço muito requisitado e um dos maiores elogios que você pode fazer a alguém, especialmente para alguém com uma função que exige iniciativa. Ser o Confiável significa também que você é consistente e seguro.

O tipo Confiável precisa ter cuidado para não pôr a necessidade de ser Confiável na frente da necessidade de ser flexível quando, por exemplo, é preciso rever orientações ou prazos porque um projeto está levando mais tempo do que o previsto, ou as circunstâncias mudaram, de modo que um prazo maior se torna vantajoso. Ser o Confiável a todo custo pode ter o efeito contrário: é uma característica maravilhosa, mas precisa ser aplicada a cada situação de trabalho. Eis outro exemplo de como o Confiável pode ficar em contradição com os colegas: alguém está tão determinado a ir trabalhar que se arrasta para o escritório com o nariz escorrendo ou com uma doença contagiosa que todo mundo no departamento pega e fica sem condições de trabalhar por alguns dias. Ou, com medo de perder o rótulo de Confiável, alguém se recusa a tirar férias, acabando por sucumbir à exaustão e ao excesso de informação.

O Magnético

Todo mundo quer ficar perto do Magnético. Ele sabe como juntar as melhores pessoas à sua volta, seja na lanchonete da empresa ou numa sessão de karaokê durante a confraternização anual. O Magnético tem uma caderneta de endereços cheia de amigos e até mesmo de pessoas que conheceu no metrô ou no avião e com quem se mantêm em contato. Esse traço de personalidade pode ser especialmente maravilhoso para quem é importante ter uma ampla base de informações. Nesse caso, todas as pessoas que conhece servem para mantê-lo por dentro do que é novidade na área, na comunidade ou até mesmo nos outros países.

Se você conhece o Magnético, sabe que ele atrai as pessoas e que essa pode ser uma ótima característica para um vendedor que precisa vender um produto. Quando os fregueses ou clientes querem ficar perto do vendedor, as vendas aumentam.

O ruim de ser o Magnético é que alguns que têm essa característica não sabem como não ficar cercados de gente. Acham difícil ter momentos tranquilos que poderiam ajudá-los a ter mais ideias criativas para a empresa ou para o produto. Ou ficam socializando demais, sem tempo para se sentar no escritório e cuidar de tarefas triviais mas necessárias.

O Magnético pode também obscurecer a personalidade dos que estão à sua volta, encobrindo inadvertidamente o brilho deles.

Capítulo 3

Se Ficar no Emprego,
Revisite as Primeiras Impressões

A primeira impressão que você teve do chefe e até mesmo da presidente da empresa, se teve a oportunidade de conhecê-la na entrevista inicial, foi totalmente positiva. Você começou a trabalhar cheio de entusiasmo e esperança. Mas em algum momento, na segunda semana ou no segundo mês, as coisas não pareciam mais tão cor-de-rosa. A sua supervisora direta ainda acha que você é maravilhoso, mas a chefe da companhia não parece estar muito contente com você. Você avalia o que fez desde que começou a trabalhar e o resultado parece bom, mas não o suficiente para a presidente da empresa. (Você relê o Capítulo 2 e descobre que está trabalhando para uma chefe-Vampiro). Mas não pode ir embora agora porque precisa do emprego, pelo menos por mais uns seis meses ou um ano, para que o seu currículo não o faça parecer alguém que desiste facilmente.

O resto deste livro vai ajudá-lo a sobreviver pelos próximos meses ou até mesmo por um ano ou dois. Mas vamos examinar algumas estratégias que podem ajudá-lo de imediato.

Estratégia 8

Administre as Expectativas (Incluindo o seu Próprio Desapontamento no Fim da "Lua de Mel")

Uma das primeiras coisas que podem ajudá-lo a manter o emprego é saber administrar as expectativas dos outros a respeito do que você pode fazer pela empresa, especialmente no curto prazo. Talvez você tenha sido contratado para transformar um departamento, para gerar mais receita ou para trazer mais clientes. É claro que algumas expectativas são razoáveis, mas outras não são realistas e a necessidade de ficar à altura delas começa a pesar no dia a dia.

Pode ser que as pessoas esperem um milagre, mas você tem que ajudá-las a entender que o que faz é um processo, não um evento.

Eis algumas dicas úteis se você ou alguém que você conhece estiver sentindo que "acabou a lua de mel" com as novas relações no trabalho:

- No começo, o chefe e os colegas eram vistos numa luz favorável e agora são vistos da maneira oposta, mas a verdade está provavelmente no meio. Com o tempo, essas pessoas serão vistas de maneira mais moderada.
- A avaliação que os outros fazem de você também deve estar passando por um ajuste.
- Como todo mundo passa por esse processo, essa sensação de desilusão não significa que você cometeu um erro ao aceitar esse emprego ou ao iniciar uma nova relação no trabalho.
- O seu entusiasmo pelas pessoas e pelo próprio emprego terá altos e baixos, o que também é normal.

É bom observar se você está às voltas com uma sensação de "fim da lua de mel" ou se o ambiente de trabalho é realmente negativo. Este é um autoquestionário que pode ajudá-lo a entender a situação:

Questionário: Identifique a Negatividade no Local de Trabalho

1. O chefe é excêntrico e difícil de agradar?
2. As promessas feitas na sua contratação não foram cumpridas? Por exemplo: você foi contratado para substituir alguém mas esse outro funcionário ainda está fazendo o trabalho?

3. O chefe espera que você trabalhe regularmente à noite e em fins de semana sem nenhuma compensação?
4. Há pessoas trabalhando para a empresa que parecem ter sido contratadas por capricho do chefe (ou dono)?
5. Apesar de a receita ou as vendas estarem em baixa, o seu chefe ou o dono da empresa se recusam a adotar novas práticas de negócio, que possam aumentar a lucratividade?
6. Você já se perguntou o que tinha na cabeça quando aceitou esse cargo?
7. Você acha que os colegas ou os superiores estão mais frios com você?
8. O departamento de recursos humanos é subordinado ao seu chefe, de modo que você não pode registrar queixas justificadas contra ele?

Se você respondeu "sim" a uma ou duas perguntas, a sua situação de trabalho ainda tem salvação. No entanto, você precisa fazer um esforço para melhorar ou tentar reverter as situações negativas no seu atual emprego. (Se você respondeu "sim" a todas as perguntas, é bom tirar o currículo da gaveta e começar a procurar outro emprego discretamente.) O ambiente pode ser tão negativo que fica difícil lidar com tantas situações ruins. Mas você pode tentar: este livro o ajudará nesse sentido. Além disso, mesmo que decida procurar um novo emprego, entender o que está acontecendo na situação atual vai ajudá-lo no futuro.

Quando uma relação começa do modo errado, consulte as estratégias deste capítulo para ver por que as coisas não vão bem e por que essa relação começou mal. Se você acha que precisa dar algum tempo antes de tentar de novo, tudo bem.

Estratégia 9

Seja Humilde (A Humildade Vai Levá-lo Mais Longe na Vida Profissional do que o Ego e a Arrogância)

Já percebeu quantas pessoas dizem que não esperavam ganhar um determinado prêmio e que o simples fato de serem indicadas já é uma honra, mas então fazem um discurso de agradecimento que prepararam "por via das dúvidas", só para o caso de ganharem?

Espera-se que as pessoas digam: "Que surpresa!", mesmo que acreditem secretamente que são as melhores, muito acima da concorrência! Imagine se alguém, em vez de demonstrar surpresa, dissesse: "Eu sabia que ia ganhar porque sou o melhor e os outros têm sorte de terem sido indicados porque ao menos sentiram a emoção de terem sido temporariamente postos na mesma classe que eu. Mas o talento sempre vence!"

O público e até mesmo os juízes provavelmente se arrependeriam de ter concedido o prêmio a uma pessoa tão egoísta. Tudo bem ter um bom conceito de si mesmo, mas observe se você ou outra pessoa no seu trabalho não está demonstrando arrogância por meio das palavras ou das ações.

Um excelente modelo de humildade é o exemplo inspirador do Capitão Chesley "Sully" Sullenberger, que realizou o feito incrível de pousar um avião com os dois motores danificados por um bando de pássaros. Em frações de segundo, Sullenberger percebeu que não chegaria ao aeroporto: a sua única chance era pousar no Rio Hudson, um feito nunca antes tentado com um avião levando 155 passageiros e mais a tripulação.

Sullenberger teve sucesso e todos os passageiros e membros da tripulação sobreviveram ao pouso na água, escapando ao que poderia ter sido um desastre terrível. O que me impressionou na entrevista que Sullenberger deu para Katie Couric em *60 Minutes* foi ele ter admitido que mal conseguiu dormir nas primeiras noites depois do acidente. Ficava se avaliando, pensando no que tinha acontecido e imaginando se poderia ter feito outra coisa. Expressar essa ideia no programa exigiu muita humildade: o capitão estava preocupado com a própria visão das suas ações e dos acontecimentos e não com a visão triunfante das suas escolhas por parte da mídia e do público.

Humildade como Confiança

Daryl Roth, produtora da Broadway, confirmou na nossa entrevista que a humildade pode levá-lo muito mais longe no mundo do teatro: "Na superfície, você precisa mostrar a sua força, a sua confiança e a sua segurança ao lidar com as pessoas com quem está trabalhando. É verdade que muitas vezes fico preocupada e insegura, questionando as minhas decisões, mas na superfície procuro parecer confiante, enquanto vou trabalhando as minhas inseguranças. Estou sempre disposta a escutar, discutir e ceder, mas sei que o meu papel como produtora é liderar e ficar no controle. Procuro sempre respeitar e apoiar as pessoas com quem trabalho. É fundamental ser solidário e humilde."

Roth continua: "No teatro, precisamos ter confiança. Precisamos confiar no diretor, os atores têm que confiar uns nos outros. Como produtora, tenho que transmitir essa confiança e saber que estamos todos trabalhando em direção à mesma visão."

Nessa observação, Roth mostra como projetar confiança e competência sem arrogância. Ela acrescenta: "Não quero que pareça falta de humildade, mas sinto que sou uma boa produtora e que sou muito ligada às pessoas com quem trabalho. Tenho muito apreço pelo talento de todos, pelos seus dons e pelo que trazem para a produção."

Quem tem o ego muito grande acaba sabotando a própria capacidade de se relacionar no trabalho, mais do que qualquer outro tipo de pessoa. É pouco provável que os outros queiram se aproximar de quem tem o ego muito grande, já que uma tal pessoa será considerada autocentrada e não parte de uma equipe. Como disse um treinador no primeiro dia de treino de uma turma de jovens que pretendiam ser atletas profissionais: "Se vocês têm ego, deixem lá fora ou se mandem daqui."

Estratégia 10

Evite Ofuscar o Chefe

A sua função é contribuir para o sucesso do chefe (e da empresa), seja numa empresa com cinco, 500 ou cinco mil funcionários. Mas é bom fazer isso sem ofuscar o seu chefe imediato ou o cabeça de toda a empresa, especialmente em público. E por certo não é bom querer dar uma boa impressão à custa do chefe.

Quando um funcionário, especialmente um recém-contratado, diz ao chefe ou aos colegas que sabe mais sobre um determinado assunto ou banca o "sabe-tudo", há quem diga que isso se deve à diferença entre gerações. Mas tenho observado que essa tendência é mais uma questão de personalidade do que de geração. Mas existe mesmo uma diferença: um trabalhador mais velho pode até achar que sabe tanto quanto o chefe, mas guarda essa opinião para si mesmo, enquanto um jovem tende a compartilhar essa opinião com outras pessoas ou até mesmo dizer diretamente ao chefe como se sente.

Mas, seja qual for a sua idade, não queira atrair mais atenção do que o chefe ou mesmo do que a empresa. Recentemente, uma executiva foi mandada embora por causa da crise econômica, mas eu me perguntei se o fato de ela ter dado mais destaque ao próprio nome do que ao da publicação para a qual trabalhava não contribuiu para a sua demissão. O princípio de não ofuscar o chefe vale também para a marca ou para um produto. Hoje, na maioria dos ambientes corporativos, a prioridade é fazer o que é melhor para a equipe ou para a empresa.

Estratégia 11

Enfatize as Semelhanças, não as Diferenças

Concentre-se no que é semelhante entre você e aqueles com quem trabalha. Vocês leram os mesmos livros? Gostaram dos mesmos filmes? É claro que é bom compartilhar diferentes opiniões sobre música, revistas ou até mesmo tecnologia, mas procure também uma base comum. Sim, está em voga buscar a diferença e até mesmo escrever livros sobre ela, como *Homens são de Marte, Mulheres são de Vênus*, assim como as paródias desse conceito. Mas no trabalho e nos negócios é bom usar essas informações para minimizar e não para maximizar as diferenças.

Imagine por exemplo que você está discutindo socialização no trabalho com alguém do Japão, que lhe disse que passa de duas a três horas por semana socializando depois do trabalho. Em vez de dizer: "Nunca fico tanto tempo socializando com pessoas do meu trabalho", observe que "Nós nos reunimos a cada duas semanas para tomar alguma coisa e temos um time de futebol que joga contra empresas rivais".

Em vez de insistir no número de horas, que é nitidamente diferente entre as duas pessoas, a ênfase está em socialização no trabalho como um conceito que as duas adotam.

Estratégia 12

Como o Passado Influencia a sua Maneira de Tratar as Pessoas

Numa situação de trabalho, ninguém é uma *tabula rasa*. Todos nós levamos a infância e as nossas experiências anteriores a cada nova situação. Compreender essas influências vai ajudá-lo a lidar de maneira mais eficaz com os outros.

A mesma coisa vale para os seus colegas de trabalho. Suponha que uma pessoa, de cujo trabalho você depende para fazer o seu, esteja agindo de maneira estranha. Está cometendo erros, o que não é normal. O que você faria para descobrir o que está por trás desse comportamento? Como o passado vai influenciar a sua reação a essa situação?

Nos negócios, é bom "conhecer a si mesmo". Se há pessoas subordinadas a você, conhecer os seus colegas, clientes ou fornecedores é um tempo bem gasto, pois lhe dará uma compreensão melhor de por que as pessoas tomam as decisões que tomam ou por que a interação entre elas é como é. É claro que é melhor e mais apropriado descobrir o máximo sobre uma pessoa logo de início, quando ela espera que sejam feitas perguntas sobre o seu passado.

Mas se você não descobriu o suficiente sobre o passado dessa pessoa, reserve mais algum tempo para isso. Convide-a para tomar um chá ou um café ou até mesmo para almoçar. Caso more muito longe, faça as perguntas por telefone ou mande um e-mail.

Existe um padrão de comportamento chamado *compulsão de repetição* — a necessidade de repetir um trauma até que ele seja resolvido. No entanto, o trabalho não é o lugar para resolver essas questões. A mudança ocorre no âmbito pessoal ou por meio da terapia. Mas você precisa observar se não está sendo atraído para conflitos no trabalho por causa de questões não resolvidas na infância ou na adolescência, que acabam se manifestando no trabalho:

- "Encontro sempre minha mãe/meu pai/minha irmã/meu irmão."

Você sempre acaba descobrindo, entre os colegas de trabalho, alguém que parece arrastá-lo de volta a relacionamentos negativos da infância ou da adolescência, revivendo assim questões não resolvidas.

- "Não consigo aceitar elogios."

Esse é o caso de alguém que foi tão criticado durante os seus anos de formação que dar ou receber elogios lhe causa desconforto. Isso pode fazer com que a ênfase nos pontos negativos seja a norma, o que cria uma atmosfera de trabalho hipercrítica. Sim, é importante observar o que pode ser melhorado, mas também é importante apontar o que é positivo.

- "Não seja tão negativo."

Alguém que cresceu ouvindo só coisas negativas pode compensar agora enfatizando apenas o que é positivo. Isso é especialmente perigoso quando essa pessoa é o chefe, que gosta de ouvir apenas coisas positivas. Ao ser "protegido" do que realmente está acontecendo, um departamento ou até mesmo uma empresa pode afundar, o que poderia ser evitado se o chefe aceitasse com naturalidade os problemas do local de trabalho e tomasse providências para resolvê-los.

Estratégia 13
Reavalie as Relações no Trabalho à Medida que a Situação for Mudando

Você precisa rever e reaprender constantemente o que sabe sobre as suas relações no trabalho ou com determinadas pessoas, já que as circunstâncias mudam. À medida que você evolui no trabalho e a situação em que se encontra se modifica, pode ser bom reler este livro ou fazer um curso, já que estará enfrentando desafios diferentes. Por exemplo, neste momento você trabalha numa empresa grande, com 100 ou 1.000 funcionários, mas daqui a dois anos poderá estar trabalhando em casa, sozinho ou com um assistente virtual.

Será que você começou recentemente a trabalhar num ambiente de trabalho mais tradicional depois de algum tempo trabalhando em casa? Se é esse o caso, quais são as diferenças na maneira de interagir com os colegas que você precisa levar em conta para começar com tudo no novo emprego? Mas pode ter acontecido o oposto: você começou a trabalhar em casa, ou por telecomunicação, porque a empresa onde trabalhava diminuiu a sua sede para cortar despesas. Sem os colegas para conversar e o chefe por perto, como vai reestruturar o seu dia para continuar tendo a interação humana a que pode não ter acesso trabalhando em casa todos os dias?

Estratégia 14
Descubra como Fazer com que os Outros Queiram se Relacionar com Você

Faça com que a convivência seja vantajosa para você e para a outra pessoa, lembrando que cada um tem as próprias prioridades. Descubra quais são essas prioridades — as óbvias e as ocultas — e como ambos podem realizar o que desejam, de modo que essa seja uma relação ganha-ganha. O que você pode fazer para que os outros gostem de você e *queiram* o seu sucesso? Como tocar os outros no nível emocional ou profissional para que todos queiram trabalhar juntos? Descubra o que motiva a outra pessoa em vez de só olhar o mundo através dos seus olhos. Por exemplo, se alguém está mais interessado nos seus resultados de vendas do que no presente de US$ 80 que você lhe deu no final do ano, é melhor se concentrar nesses resultados para fortalecer a relação com essa pessoa.

Um dos aspectos mais frustrantes de qualquer relação é não poder forçar o outro a sentir o que você sente. Isso vale em questões do coração, nas amizades e nas relações no trabalho, seja no local de trabalho ou na vida profissional em geral. Você tem que fazer o possível para aumentar a probabilidade dos outros quererem se relacionar com você. Como disse alguém ao anunciar o fim de uma relação de negócios: "Você não pode fazer com que eu queira ser o seu...." Não é possível fazer com que alguém queira trabalhar com você, mas você pode tentar virar o jogo a seu favor aplicando as estratégias positivas apresentadas neste livro à relação com as pessoas que encontra no trabalho ou nos negócios. É sempre bom ser um bom ouvinte, saber administrar a raiva, não exagerar nas reações para não ser rotulado de cabeça quente, deixar o ego do lado de fora e ter consciência da "bagagem" de experiências que você traz e que podem impedi-lo de ver com otimismo determinadas relações.

Estratégia 15

Forme Vínculos Positivos no Trabalho

Quando você estava na escola, as conexões aconteciam naturalmente, já que você e os colegas estudavam na mesma sala ou faziam atividades juntos depois das aulas. Vocês se viam na aula, observavam as interações com os outros e talvez tivessem um ou dois amigos em comum. Você precisa levar essa mesma atitude ao trabalho se quiser transformar algum colega em amigo.

Fique atento aos indícios: convide o colega para tomar um café no fim do dia ou numa pausa do trabalho e veja se ele compartilha o seu interesse de se aproximar ou se é melhor que continuem apenas colegas de trabalho. Como será discutido mais adiante, na seção sobre óleo e água (ver Estratégia 29, Capítulo 5) você pode descobrir que simplesmente não combina com alguém. Na vida social, isso não tem problema: você encontra um jeito de não ter que lidar com essa pessoa. Mas no local de trabalho, onde essa pessoa pode ser seu colega ou supervisor, é melhor descobrir um jeito de se relacionar, queira você ou não.

Quando alguém está meio distante, aguarde um momento melhor para incrementar a relação. Se o computador do colega quebrou e ele está nervoso e contrariado, é melhor não convidá-lo para almoçar nesse dia e deixá-lo resolvendo o problema do computador.

Fazer amigos no mesmo nível hierárquico é mais seguro em qualquer situação de trabalho, mas às vezes há mudanças de *status*. Por exemplo, duas pessoas começam no mesmo nível e desenvolvem uma amizade mas, depois de um tempo, uma das duas é promovida. Felizmente, há gente que consegue contornar essas mudanças (por exemplo, um chefe que continua amigo dos antigos colegas de trabalho, que são agora seus subordinados). Mas em geral é preciso escolher entre os amigos e o novo papel como chefe.

Quando um colega/amigo vai para outra empresa ou um cliente/amigo muda para outro país — como manter a relação agora que não trabalham mais juntos? Será que a relação vai superar esses desafios ou vai sucumbir à diminuição de intimidade que muitas vezes ocorre com a perda da convivência diária no trabalho?

Não é apenas a distância física que pode fazer com que uma relação esmoreça. Às vezes, mudanças emocionais estão na base desse esmorecimento. Um dos sinais mais evidentes de que a relação está minguando é quando informações pessoais são sonegadas: você pergunta à pessoa como ela vai e ela responde apenas "bem", em vez de dar uma resposta breve mas reveladora; ou decide deliberadamente não compartilhar alguma coisa significativa que comumente se compartilha com os outros.

Não há problema se uma relação no trabalho regredir ao nível de conhecido casual. Ou se você descobrir que essa relação está mudando à medida que o *status* ou as situações de trabalho mudam. Esse é um processo natural de filtragem. Se você continuasse próximo ou muito amigo de todo mundo que já conheceu no trabalho, não teria tempo e nem energia emocional para as outras pessoas da sua vida — amigos pessoais, parceiros românticos, filhos, parentes e outros. A regressão para uma amizade casual ou para uma relação de meros conhecidos não é um sinal de derrota, mas o resultado da filtragem e das mudanças que ocorrem ao longo da vida.

Uma relação profissional acaba totalmente. Por quê? Em geral, isso é apenas circunstancial. Um de vocês — ou os dois — partiu para outra. A relação serviu aos seus propósitos enquanto vocês estavam juntos ou na mesma área. Isso é normal. Se os dois quiserem continuar se relacionando depois de terminada a associação no trabalho, deixe que aconteça naturalmente. Não adianta forçar só porque você sempre achou que os dois "devem" continuar se comunicando. Para funcionar, as relações fora do trabalho têm que ser sinceras. Forçar uma conexão quando vocês não "precisam" mais trabalhar juntos é muito desconfortável. Sim, a mudança é difícil, principalmente a mudança nas relações e nas circunstâncias que as cercam. Mas pode ser também uma oportunidade para reavaliar as relações no trabalho ou na vida profissional em geral.

O aumento dos *sites* de redes sociais e a sua aplicação para fins profissionais, como o LinkedIn.com, o Facebook.com e outros, estão ajudando as relações relacionadas ao trabalho a perdurar, mesmo que em bases mínimas. (Esses *sites* de redes sociais são discutidos na Estratégia 56, Capítulo 10.) Trabalhar a vida toda numa só empresa é cada vez menos provável no mundo todo. Assim, no que diz respeito a novas oportunidades, manter uma rede forte e atual de contatos profissionais pode valer o esforço, desde que não consuma tanto tempo que você deixe de cumprir suas atuais obrigações e de cultivar conexões profissionais mais oportunas e relevantes.

No entanto, não é bom terminar uma relação no trabalho, ou uma amizade, por causa de um desentendimento. Isso pode gerar muita tensão e até mesmo prejuízos à carreira, caso o desentendimento se torne "público" e todo mundo fique sabendo que certas pessoas não querem trabalhar juntas. Sempre que possível, manter as coisas numa base amigável (ou pelo menos neutra) é muito melhor do que a animosidade (recíproca ou não) num emprego ou situação de trabalho.

Capítulo 4

Desenvolva Técnicas de Comunicação Interpessoal Melhores

Estratégia 16

De "Eu" para "Nós": Torne-se um Membro de Equipe Melhor

Umas das maiores diferenças entre trabalhar para uma companhia e trabalhar como empreendedor individual ou *freelancer* é provavelmente a mudança da mentalidade "eu" para a mentalidade "nós", indispensável para alguém ser considerado parte de uma equipe. Isso é muito mais do que se referir ao que a empresa produz como o "nosso" produto. É uma mudança mental e comportamental que precisa encontrar eco nas relações e interações diárias no trabalho.

Compartilhe o crédito e faça com que os outros membros da equipe se sintam bem. Lembre-se que você pertence a uma equipe e que precisa fazer a sua parte. Faça com que cada membro saiba quais são as suas responsabilidades e que as assuma. Não critique os outros membros: ajude-os a realizar as suas tarefas porque o sucesso da empresa depende do bom desempenho da equipe.

Por exemplo, se você sabe que alguém do seu departamento vai sair de férias no final da semana, é do interesse geral fazer com que os projetos mais urgentes sejam concluídos ou repassados. Ajuda muito ter um sistema para comunicar a ausência do colega por meio de e-mail ou de uma mensagem de voz com sugestões sobre quem poderá cobri-lo durante as férias. É bom que quem sai de férias avise os clientes e outras pessoas da empresa onde pode ser encontrado, assim como o que fazer se acontecer alguma coisa durante a sua ausência. Com isso, a equipe e até mesmo o departamento serão vistos como parte de uma corporação e não como uma coleção de indivíduos realizando tarefas isoladas e compartilhando por acaso o mesmo espaço de trabalho.

Estas são algumas sugestões para fortalecer uma equipe:

- Organizar um almoço semanal para todas as pessoas do departamento. Pedir pizza é uma opção boa e barata.
- Estabelecer um retiro anual ou semestral para o departamento ou para a empresa. É bom convidar palestrantes de fora para discutir o trabalho em equipe e organizar atividades, como dividir as pessoas em grupos para criarem alguma coisa como equipe.
- Criar dois times dentro da empresa para disputarem algumas partidas de futebol, futebol de salão, vôlei, basquete ou boliche, conforme a estação do ano e a preferência das pessoas.
- Copiar e distribuir textos sobre trabalho em equipe e reunir o departamento para discutir as questões que surgirem.
- Celebrar como equipe o aniversário de cada pessoa, com bolo ou *doughnuts*.
- Organizar um almoço de final de ano ou celebrar de alguma outra maneira a passagem do ano.

Estratégia 17

Melhore as suas Técnicas de Conversação

Uma das minhas partes favoritas do livro de Dale Carnegie, *Como Fazer Amigos e Influenciar Pessoas*, é quando ele fala sobre ser visto como um bom conversador. Para ele, o bom conversador é aquele que mostra interesse pelo outro fazendo perguntas, participando e respondendo aos comentários. É o oposto direto da pessoa que só fala de si mesma, por presunção ou nervosismo. Então, o primeiro passo para melhorar as suas técnicas de conversação é observar se está mesmo tendo uma conversa com o outro e não apenas um monólogo.

Uma conversa tem que ser uma troca entre duas, três, quatro ou mais pessoas que estejam participando da interação. Muitas vezes, uma delas domina a conversa. Fazer com que todos os participantes tenham igual oportunidade de falar é um dos principais desafios para alguém que esteja facilitando uma discussão em grupo.

Em qualquer conversa, especialmente no trabalho ou nos negócios, você precisa ser ao mesmo tempo um participante e agir como se fosse também um facilitador. Se achar que alguém está roubando o seu tempo, interfira sem ser agressivo e pegue o seu tempo de volta. Mas, se perceber que é você que está dominando a conversa, mude o foco para as outras pessoas. Faça perguntas como: "E o que você acha disso?" "Como estão indo as coisas para você?" "O que acha da nossa nova política relativa às férias?" ou qualquer outra pergunta que mude o foco de você para outro participante.

Problemas de Comunicação com o Supervisor ou com o CEO

Não é bom esconder informações vitais do seu chefe ou do CEO da empresa porque isso pode envolvê-los num casulo, tirando-lhes a oportunidade de avaliar a realidade e ter boas ideias, afastando até um possível desastre. Você estará sempre andando sobre a linha fina que separa o portador de notícias desagradáveis sobre o departamento, a empresa ou a atividade e o herói que teve a coragem e o discernimento de apontar questões que ajudarão a manter a empresa competitiva, no caminho certo e em destaque.

Numa situação profissional, uma das perguntas-chave a serem feitas é: como você *prefere* ser contatado? Na vida pessoal, tendemos a saber se os nossos amigos gostam de telefone ou se odeiam telefone, preferindo o e-mail e até mensagens instantâneas. Por que na vida profissional seria diferente? Há pessoas no trabalho que preferem uma forma de se comunicar às outras. Isso não significa que uma forma é melhor ou pior do que as outras; significa apenas que, para algumas pessoas, é a maneira mais confortável ou mais eficiente de se comunicar.

Se você se der ao trabalho de descobrir a maneira de comunicação que cada um prefere, conseguirá os melhores resultados. No entanto, quando o assunto é urgente, mesmo sabendo que o seu colega prefere receber e-mails, é melhor telefonar ou atravessar o corredor e lhe perguntar pessoalmente. Ou, caso os seus e-mails estejam sendo ignorados, é melhor telefonar, especialmente se o e-mail for para um colega que trabalha fora da empresa ou se houver a possibilidade de a pessoa não ter recebido o seu e-mail, no caso de uma viagem por exemplo. Você precisa descobrir o que está acontecendo — pode ser uma falha tecnológica — para conseguir as respostas que está buscando.

Estratégia 18
Seja um Ouvinte Melhor

Estas são algumas dicas do que torna um ouvinte eficaz:

- Olhe nos olhos a pessoa que está falando.
- Indique que você está ouvindo com movimentos da cabeça, com gestos ou com um sorriso.
- Mostre interesse repetindo com outras palavras o que o outro disse ou fazendo perguntas sobre o que acabou de ouvir.

- Quando você ouve, o seu colega de trabalho se sente merecedor e valorizado de uma forma respeitosa e positiva.
- A empatia pelo que o colega está dizendo o levará muito mais longe do que o criticismo.
- Nunca interrompa o colega (ou o chefe) antes de ele terminar uma frase ou concluir o pensamento. Não fique olhando para o relógio, dando a impressão que está aborrecido ou querendo ir embora.

Melhorar a capacidade de ouvir fará muito por você na vida profissional. Se você tem a tendência a falar muito e ouvir pouco, terá um pouco de dificuldade para romper esse hábito. Mas com esforço é possível. Ouvindo o que a outra pessoa tem a dizer e fazendo perguntas, você demonstra interesse. O interesse que temos por nós mesmos é um princípio básico sobre o qual funcionamos: isso é humano. Ao mostrar interesse pelo interlocutor, você alimenta o autointeresse dessa pessoa e desvia para ela um pouco da atenção e da preocupação que dedica a si mesmo. Ouvindo e mostrando interesse pelos outros, você evita o rótulo de narcisista (que não é um rótulo ou traço positivo na maioria das situações ou locais de trabalho tradicionais).

Algumas pessoas falam constantemente, sobre algum tópico ou sobre si mesmas, por nervosismo. Elas não têm a intenção de ser tão autocentradas mas, especialmente quando estão cara a cara com alguém, a língua destrava, por assim dizer. Se você tem essa tendência, fique atento e procure combatê-la quando estiver em situações como um almoço ou uma reunião a dois. Você pode também substituir os encontros em pessoa pelo telefone ou pelo e-mail, evitando assim o rótulo de "falador". Mas, como isso lhe tira o benefício dos aspectos positivos de um encontro em pessoa, é melhor superar essa tendência a dominar a conversa.

As pausas de silêncio durante uma conversa fazem parte da experiência de ouvir. Ao permitir essas pausas, você mostra que está considerando o que o outro diz. Mostra também que está procurando ir no mesmo ritmo do interlocutor, mantendo assim uma troca atenta e interessada e não um vai e vem automático, como em certas partidas de tênis ou vôlei.

Eis algumas outras sugestões para ajudá-lo na importante técnica de ouvir com mais eficácia os colegas ou qualquer outra pessoa na vida profissional.

- Concentre-se no que o outro está falando.
- Se a mente divagar, traga a atenção de volta ao interlocutor.
- Procure repetir nas suas próprias palavras o que o outro disse, mostrando que você realmente ouviu. Se tiver segurança, reformule o que acabou de ouvir. Por exemplo: o seu colega diz que o prazo de entrega de 10 mil unidades de um certo produto não é realista. E você responde: "Então você está me dizendo que precisamos repensar o prazo para a entrega dessas 10 mil unidades."
- Evite ficar pensando no que vai dizer em vez de se concentrar no que o outro está dizendo.
- Ouça sem julgar. Só dê a sua opinião se o outro pedir.
- Deixe o outro acabar de falar, sem interromper porque está ansioso para passar informações ou por medo de não ter tempo para falar.
- Evite as críticas para que os colegas não comecem a lhe esconder informações com medo que você desaprove alguma coisa. Isso o deixaria de lado, com consequências negativas sobre o seu desempenho no trabalho.
- Tenha sensibilidade para as emoções que estão por trás das palavras do seu colega, e não apenas para as palavras.
- Observe a comunicação não verbal — a linguagem corporal, as expressões faciais — e não apenas as palavras. Mesmo que esteja se comunicando por e-mail, veja se há símbolos acrescentados ao e-mail indicando um estado de espírito.

- Mostre interesse fazendo perguntas.
- Evite interromper.
- Evite mudar de assunto de maneira abrupta. Faça uma ponte natural de um tópico para o outro e deixe que o seu colega de trabalho termine o que está falando antes de mudar de tópico. Se tiver que passar abruptamente de um tópico para outro, use uma ponte: "Odeio ter que mudar de assunto mas..." ou "Passando a um assunto totalmente diferente..."
- Para demonstrar atenção, olhe o outro nos olhos ou concorde com a cabeça se for o caso — mas não fique balançando a cabeça a ponto de parecer um boneco de mola.

Estratégia 19
Seja um Contador de Histórias Melhor

Pode ser que você pretenda participar de um programa de entrevistas para ganhar exposição para os seus serviços e produtos ou queira apenas melhorar a relação com os colegas de trabalho ou com o chefe. Em ambos os casos, ser um bom contador de histórias vai ajudá-lo a atingir essas metas. A sua capacidade de contar histórias vai ajudá-lo a se destacar. É uma forma de ser lembrado e de criar uma conexão que seja a faísca inicial de uma relação.

Às vezes, para quebrar o gelo quando faço um *workshop*, peço que cada pessoa da plateia pense em alguma coisa que ninguém mais sabe, que possa surpreender a todos. (Aviso para não escolher nada que seja embaraçoso.) Depois, é incrível ouvir o que as pessoas têm a contar. E quem sabe contar bem uma história sempre se destaca entre as dezenas de pessoas da plateia. Lembro-me de uma mulher em Auckland, na Nova Zelândia, que revelou sua ambição secreta era ser uma comediante *stand-up*. A meta era memorável, e a história também.

É uma boa ideia aplicar essa técnica à sua empresa, caso você seja empresário. O que você pode dizer sobre a empresa que a distinga de todas as outras, fazendo com que as pessoas queiram fazer negócio com você ou iniciar uma relação profissional? Se pretende contratar alguém, o que a sua empresa tem de único, que faz com que muita gente queria trabalhar nela? Pratique antes e veja se obtém as respostas positivas que espera.

Estratégia 20
Use Reciprocidade em Conversas e Relações

Se Bob lhe pergunta como você está e você responde, e se você pergunta a Bob como ele está e ele responde, isso é reciprocidade numa conversa. Ou Beth lhe fala de um projeto em que está trabalhando e então lhe pergunta sobre o seu projeto, ou você lhe oferece uma informação.

Às vezes, a necessidade instintiva de reciprocidade na conversa pode ser manipulada de modo que alguém diga alguma coisa que não deveria ser dita. Por exemplo, há alguns entrevistadores com fama de serem muito faladores com seus entrevistados: contam os próprios segredos esperando que o entrevistado faça o mesmo. E muitas vezes conseguem. Mas quando os comentários são publicados, o embaraço é grande, já que não é como publicar uma inverdade.

Eis outro exemplo de como a reciprocidade funciona. Alguém conta alguma coisa sobre a própria família e você conta alguma coisa sobre a sua. Você compartilha uma boa notícia e alguém lhe dá os parabéns por e-mail. O conceito de reciprocidade fica mais aparente quando alguém quebra a "regra". Por exemplo, você se abre sobre alguma coisa e a outra pessoa não, ou deixa de lhe dar os parabéns por uma boa notícia. De repente, é como se o universo ficasse fora de alinhamento, como se o karma pesasse de um lado só. Às vezes, essa pessoa é muito importante para o seu emprego ou carreira e você não diz nada porque sabe que isso se voltaria contra você. Infelizmente, quando você compartilha alguma coisa, mesmo que seja com a intenção de ajudar, o tema da reciprocidade começa a recorrer e, em algum momento, a outra pessoa pode fazer alguma coisa para deixar você sem jeito, como o seu gesto de compartilhar a deixou. No entanto, se o sistema integrado de administração do conflito (ver Estratégia 27, Capítulo 5) for aplicado, você poderá compartilhar e dar *feedback* sem medo de retaliação ou reprimenda.

Eis outro exemplo de reciprocidade negativa no trabalho. Você chega atrasado numa reunião e, na reunião seguinte com a mesma pessoa, ela chega atrasada e você fica esperando. Coincidência?

Estratégia 21
Fique Craque em Rede de Contatos

Contatos Cara a Cara

A capacidade de formar uma rede de contatos que lhe permita desenvolver e manter relações positivas na vida profissional e nos negócios está muito ligada à capacidade de ouvir: há uma forte conexão entre esses dois conceitos.

Muitas vezes, o termo "rede de contatos" não se aplica, quando o que se busca na verdade é uma relação "um a um".

Na rede de contatos, por outro lado, pessoas que começam separadas acabam se tornando parte de uma "rede" plenamente integrada. Na época anterior às redes sociais *on-line*, entrevistei uma mulher do Texas que tinha vindo para Nova York em busca de emprego. Quando chegou, a primeira coisa que fez foi entrar em contato com dois antigos colegas de escola que também eram do Texas. Em pouco tempo, acrescentando os amigos dos amigos, tinha formado uma rede com dezenas de contatos. E todos esses contatos foram feitos cara a cara.

Michael Hughes é um especialista em redes de contato de Ottawa, Ontário. A sua empresa, NFR Consulting Group, ajuda os indivíduos a ampliar suas técnicas de formação de rede de contatos como estratégia profissional. Conheci Michael num evento para palestrantes do mundo todo organizado pela Global Speakers Network, que incluiu uma visita ao prédio das Nações Unidas em Nova York e um jantar. Michael pratica o que prega: passa mais de três horas por semana socializando para fins profissionais. Participa, por exemplo, das reuniões da Câmara e Comércio de Ottawa (que podem incluir um café da manhã, um almoço, um jantar ou uma reunião depois do trabalho) e de eventos promovidos por grupos profissionais, como foi o caso de um recente evento da Texas Hold'Em Charity. E vai a outros eventos que seleciona, quando há pessoas que deseja conhecer, um palestrante que considera interessante ou quando é convidado para dar uma palestra.

Como Michael vê a sua rede de contatos? Ele responde: "Uma rede de contatos é feita de contatos um a um. Um evento como o da Câmara de Comércio reúne uma série de conexões uma a uma: gera a faísca inicial que leva a essas conexões uma a uma. Um evento assim permite o contato com mais pessoas em menos tempo. Assim, tenho a oportunidade de escolher as conexões com mais potencial e alavancá-las para um encontro para um café ou para um almoço, o que fará com que a relação floresça."

O que o fez se interessar por redes de contato? "A sobrevivência. Iniciei um pequeno negócio há 17 anos mas, a certa altura, estava morrendo de fome. Eu me conectava com as pessoas uma a uma e ia descobrindo as suas necessidades, mas não conseguia ter contato com um número suficiente de pessoas num tempo razoável, de modo a fazer o meu negócio crescer até o nível que eu precisava. O processo de vendas é um processo de filtragem. Você conhece cinco pessoas, apresenta uma proposta para três e consegue ganhar um cliente. Mas eu não tinha prática e nem tração para conhecer um número suficiente de pessoas." Então, Michael perguntou a si mesmo: "Será que há alguma maneira de conhecer mais pessoas em menos tempo? [No meu primeiro evento com esse objetivo] havia quarenta pessoas. Pensei que tinha morrido e ido para o céu. Num evento de três horas, conheci de dez a vinte pessoas. Então, comecei a estudar esse processo. Partindo dessas primeiras conexões, comecei a pesquisar a formação de redes de contatos como estratégia, como forma de aumentar os negócios, no caso de profissionais de vendas e corporativos em geral."

Perguntei a Michael sobre clientes que trabalharam com ele e viram as suas carreiras decolar. Ele me deu um exemplo:

> Havia um alto executivo de uma grande multinacional com sede em Toronto. O seu objetivo era subir um nível. Era vice-presidente executivo e queria a posição mais alta no Canadá: gerente geral da operação canadense. Mas achava que não tinha os recursos necessários para administrar, maximizar e alavancar as relações com os profissionais do seu grupo. Então, reavaliamos o que ele estava fazendo com cada uma dessas relações e redefinimos cada uma delas. Qual era a sua contribuição e que estratégias ele poderia usar para se alavancar quando chegasse o momento da transição e para ter apoio na hierarquia corporativa? Ao longo de um período de seis a doze meses avaliando as relações com as pessoas com quem trabalhava e investindo nelas, conseguiu renovar a confiança que essas pessoas tinham nele. Isso levou de seis a 12 meses para acontecer. E o processo todo leva de 12 a 36 meses, se for encarado com seriedade. Relações consomem tempo, exigem investimento e precisam ser alimentadas.

Como foi esse processo? No começo, eles passaram um mês se falando ao telefone uma ou duas vezes por semana para mapear a estratégia que o executivo seguiria para formar uma rede de contatos dentro da empresa. Diz Michael: "Desenvolvemos uma estrutura em torno de cada uma das relações: em que ponto estava, para onde tendia e até que ponto ele pretendia levá-la." Depois desse primeiro mês, passaram a se falar a cada duas semanas, a menos que houvesse uma emergência, como a proximidade de uma reunião. "Nos primeiros três meses, houve muito mais contato: nesse tempo, ele desenvolveu a sua confiança e assimilou os princípios, sempre avançando e mantendo o impulso."

Assim como as relações no trabalho, o seu esforço para formar uma rede de contatos não ficará estático ao longo da sua vida profissional. Ele evolui à medida que você evolui e as suas relações no trabalho se modificam. Daryl Roth, produtora da Broadway, conta como os seus esforços para formar uma rede de contatos evoluíram ao longo dos seus 22 anos de carreira: "No início, eu ia em busca de projetos, leituras de peças e oportunidades. Era nova na área e ninguém sabia que eu estava ali. Com os olhos e ouvidos abertos, comecei a ir a leituras de peças e a conhecer agentes, escritores e outros produtores. Agora, depois de ter produzido muitas peças, o processo é diferente. Autores, atores, diretores, agentes e outros produtores me telefonam tentando me fazer interessar por seus projetos. Saber que pessoas com quem trabalhei antes estão envolvidas num novo projeto é sempre um prazer. Gosto de voltar a trabalhar com as pessoas, depois que se formaram relações de confiança e parceria."

Formar uma rede de contatos é uma coisa que se aprende pelo processo de tentativa e erro ou observando o que funciona e o que não funciona. Tendo confiança em si mesmo e sabendo que não é preciso se abrir totalmente e nem tentar ganhar a confiança de todo mundo, você ficará mais relaxado e acessível numa oportunidade de fazer contatos pessoalmente. Quando você entra numa sala cheia de gente, em vez de tentar conhecer todo mundo, procure começar com uma só pessoa: apresente-se, converse para descobrir algum ponto em comum, troque cartões e só então parta para a próxima. Se você conhecer uma pessoa só, mas sentir que tem com ela uma conexão forte e positiva, o seu investimento de tempo terá valido a pena. Se você usar dez ou quinze minutos para conhecer duas pessoas, poderá conhecer quatro ou seis pessoas em apenas uma hora, expandindo nessa medida os seus horizontes. É melhor conhecer uma pessoa e iniciar uma nova relação positiva do que gerar antipatia em muitas.

Doze Coisas a *Serem Evitadas* ao Investir na sua Rede de Contatos

1. Ir com muita sede ao pote.
2. Gabar-se demais.
3. Falar o tempo todo em vez de fazer perguntas e ouvir.
4. Agir com irritação.
5. Ficar calado e não interagir por timidez.
6. Falar mal dos outros.
7. Impor a sua empresa ou produto aos outros, estejam interessados ou não.
8. Deixar de apresentar as pessoas que já conhece para alguém que acabou de conhecer.
9. Mostrar desespero.
10. Dar muitas informações a estranhos.
11. Compartilhar opiniões sobre política, religião ou outros tópicos controversos que levem a discussões e impasses.
12. Bancar o sabe-tudo.

Estratégia 22

Saiba Conduzir uma Conversa Difícil

As palavras têm que ser escolhidas com cuidado no local de trabalho e nos negócios porque podem ser fonte de inspiração ou de desalento — e são sempre lembradas. Isso é ainda mais importante numa conversa difícil. Em geral, as conversas difíceis estão relacionadas a alguma crítica sobre desempenho, seja de um subordinado a respeito do chefe ou vice-versa. Colegas de trabalho também podem ter conversas difíceis entre si, ainda mais quando ela se refere a alguma coisa que é compartilhada, como espaço ou um projeto.

Este é o conselho de Jim Smith, CEO do Enterprises Management Group, uma empresa de consultoria de Washington que ajuda outras empresas a cortar custos sem demitir funcionários. Em geral, as conversas que tem ao gerar um novo negócio e tocar o projeto são conversas difíceis. Mas Jim descobriu que o curso de Dale Carnegie sobre comunicação e relações interpessoais, que fez há algum tempo, pode ajudá-lo na carreira. "Esse livro me ajuda até hoje", diz ele. O que ele aprendeu de mais importante sobre conversas difíceis? Jim explica: "Quando você está construindo uma relação e especialmente quando sabe que ela tende a ser adversa, fale sempre em forma de pergunta e não de afirmação. Antes de fazer o curso, eu chegava e já ia gritando com alguém. Agora, ouço as outras pessoas e deixo que me digam o que aconteceu. Assim, acabam me apontando o erro. Essa abordagem resulta quase sempre numa relação mais amigável e mais profissional, que sobrevive ao incidente."

Eis algumas outras situações difíceis. O que você pode dizer para melhorá-las?

- Um colega volta de uma licença por motivos pessoais.
- Você tem que cancelar o encontro na sexta-feira depois do trabalho.

- Você decidiu que não tem tempo para entrevistar o sobrinho do seu colega.
- Um colega está sendo promovido em vez de você.

A regra prática é dizer aos outros o que você quer que lhe digam numa situação parecida. No entanto, tome cuidado com a linguagem corporal e procure conhecer a história da outra pessoa, de modo que possa levá-la em conta ao lidar com a situação.

- Situação: Percebi que você anda meio distraído ultimamente. Está acontecendo alguma coisa?
  — Assuma a responsabilidade pelo seu comportamento. Explique o que está acontecendo. Peça desculpas e garanta que não vai acontecer de novo. Se você está na função de supervisor, explique por que o estado de distração do seu funcionário põe todo mundo em risco. Como melhorar a situação? Quais serão as consequências se ela não melhorar?
- Situação: Não podemos lhe dar um bônus este ano por causa dos problemas orçamentários que estamos enfrentando, mas queremos que você saiba que o seu trabalho continua sendo excelente.
  — Se isso é dito a você, seja humilde e educado, mesmo preferindo dinheiro aos elogios.
  — Procure dar ao seu funcionário a esperança de que, tão logo as coisas melhorem, você não esquecerá de recompensá-lo financeiramente.
- Situação: Por que você tem se atrasado tanto no último mês?
  — Explique por que tem se atrasado, mas assuma que foi um pouco irresponsável e enfatize que não acontecerá de novo.
  — Se você é o chefe e está fazendo a pergunta, explique que os atrasos afetam a equipe e a empresa, assim como a reputação do funcionário no que diz respeito à responsabilidade. Além

disso, mencione as possíveis consequências em termos de uma avaliação mais dura ou de uma redução no pagamento.

Nos dois casos, procure adotar uma abordagem do tipo "Como podemos evitar que isso aconteça no futuro?" e não uma atitude autoritária.

Estratégia 23

Dez Coisas que Você não Deve Compartilhar no Local de Trabalho

Não compartilhar certas coisas — no local de trabalho ou numa relação de negócios — é melhor para a sua comunicação interpessoal:

1. Segredos do trabalho que representariam uma quebra de confiança e de princípios éticos se revelados a alguém.
2. Segredos familiares que ponham em perigo alguém da sua família.
3. Citar nomes de pessoas com quem teve um envolvimento romântico, no presente ou no passado.
4. Se o seu parceiro romântico é bom na cama.
5. Qualquer coisa que o deixaria pouco à vontade se fosse repetida no noticiário das seis ou publicada no jornal.
6. Quaisquer sentimentos negativos pelo chefe (colega, presidente da empresa, comprador ou cliente).
7. Comentários racistas, sexistas, antienvelhecimento ou contrários a uma religião ou cultura.
8. Comentários negativos sobre um membro da família de um colega, especialmente se forem subjetivos, sendo que a pessoa não fez nada de perigoso ou ilegal.
9. Fazer promessas infundadas que, se não forem cumpridas, possam desapontar membros da família de um colega de tra-

balho, especialmente crianças, como conseguir ingressos para um evento esportivo ou um show.

10. Alardear o que você pensa quando lhe pedem a sua opinião sobre política, atualidades ou situações delicadas, sem considerar como esses pontos de vista podem ser recebidos ou percebidos. (Há quem ache isso interessante, mas pode ser muito desconfortável ter que trabalhar com alguém que perdeu a calma com você.)

Capítulo 5

Para se Relacionar Melhor com os Outros

Há certos comportamentos que você pode pôr em prática no trabalho e nos negócios de modo a ter menos probabilidade de aborrecer os outros. Estou falando de traços positivos como ser pontual, ter a mesa bem organizada e evitar a procrastinação. Assim, será menos provável provocar a ira do chefe ou dos colegas de trabalho que esperam pelo seu material, ou dos clientes, ansiosos para receber o seu produto.

Estratégia 24

Seja Sempre Atencioso no Trato com os Outros

Quer irritar alguém? Basta aparecer com uma hora de atraso para um compromisso. Isso deixa quase todo mundo furioso — se ainda houver alguém à sua espera quando você chegar.

Se vai se atrasar, telefone. Se ocorrer alguma coisa e você tiver que reprogramar um encontro — emergências acontecem — comunique a mudança assim que puder. Se não houver telefone por perto ou se você estiver fora da área de serviço da operadora do celular, desculpe-se pelo furo o mais cedo possível. Um pedido de desculpas acompanhado de uma explicação plausível e honesta pode afastar a raiva e o ressentimento. (Mas mesmo avisando com antecedência e se desculpando, não fique surpreso se essa pessoa cancelar algum compromisso com você. Esse é um aspecto negativo da regra da "reciprocidade" que mencionei anteriormente.)

Apesar dos seus esforços, a relação com alguém no trabalho começou mal ou, então, começou bem mas aconteceu alguma coisa que teve um impacto negativo sobre ela. Nesse caso, lide com a questão de imediato. Ignorar a negatividade raramente funciona porque os problemas da relação tendem a se multiplicar, sendo mais difícil desfazer um mau começo tempos depois. Não há necessidade de um confronto, mas ignorar a situação não costuma ser uma opção produtiva.

Estratégia 25
Seja uma Pessoa de Princípios

1. É preciso haver respeito mútuo. Você não é o único que está tentando fazer com que as coisas funcionem, embora seja da natureza humana se concentrar mais na própria carreira e no próprio progresso do que nos dos outros.
2. Comprometa-se a se relacionar bem com cada colega ou supervisor.
3. Compreenda os limites da relação como foram definidos por todos os que dela participam e mantenha esses limites em mente.
4. Guarde todas as confidências, pessoais ou relacionadas ao trabalho.
5. Lide com os conflitos ou discordâncias de imediato e de maneira apropriada.
6. Evite ficar ressentido, mesmo que estiver certo e for injustiçado.
7. Antes de compartilhar alguma coisa que possa ser usada contra você ou contra alguém, mesmo que por acidente ou im-

pulso, tenha a certeza de que a outra pessoa merece a sua confiança.

8. Antes de ficar ofendido ou zangado, leve em conta a explicação ou o ponto de vista da outra pessoa. Pode haver fatos ou circunstâncias atenuantes que você desconhece e que expliquem uma situação que você interpretou mal.
9. Enfatize as semelhanças e as metas, interesses, convicções e valores em comum em vez de criar um obstáculo insistindo nas diferenças.
10. Compartilhe o crédito quando for o caso, de modo a ser considerado um colega "nós" e não apenas "eu".

Estratégia 26

Aprenda a se Conectar e a Mostrar Consideração

A empresa em que você trabalha pode ter dez funcionários ou 10 mil, mas fazer com que cada uma dessas pessoas — que você conhece por e-mail, telefone ou pessoalmente — sinta que é importante faz toda a diferença para o seu sucesso, especialmente se a sua função exige habilidade no trato com os outros. (Mesmo que o seu trabalho dependa de conhecimento técnico, como é o caso de um médico, os pacientes podem deixá-lo se não sentirem que você se importa pessoalmente com eles, por melhores que sejam os seus conhecimentos científicos.)

Pat Schroeder, ex-congressista pelo Colorado, que concluiu invicta o seu mandato e foi depois presidente e CEO da Association of American Publishers (AAP) por 12 anos, até se aposentar em 2009, é uma executiva com uma capacidade fantástica de fazer com que as pessoas sintam que são realmente importantes. Como Pat conseguia responder cada e-mail e retornar cada telefonema no final de um dia exaustivo de trabalho? Ela tinha a seu favor uma excelente capacidade de administrar o tempo. Além disso, contava com uma assistente executiva que redirecionava os e-mails e telefonemas que não lhe diziam respeito diretamente. Como disse Pat numa entrevista: "Aprendi na política que o tempo é o bem mais precioso e que é bem melhor resolver logo um assunto do que considerá-lo várias vezes e deixar para resolver depois. Além disso, é importante ter funcionários que você conhece há tempos e que o conhecem também. Assim, você fica muito mais à vontade para delegar as coisas. É muito bom ter funcionários que conheçam as suas prioridades no momento. As horas do dia nunca são suficientes, de modo que é essencial usá-las com eficácia!"

Você pode trabalhar numa pequena empresa ou estar em campanha para ser o próximo presidente dos Estados Unidos: seja como for, a conexão um a um é essencial no trabalho. Randy Wehrman, por exemplo, era um republicano convicto que acabou votando em Barack Obama, um democrata, porque Obama o fez sentir que se importava com ele e com a sua finada mulher, Beth. Beth, que havia participado como voluntária da campanha de Obama em Iowa, achava que não chegaria até o dia da eleição, já que lutava conta um câncer pancreático terminal. Chegou até a voltar um mês antes da data da eleição. Durante o ano em que Beth e Randy lutavam contra o câncer — Randy tinha câncer na próstata — Obama manteve contato com eles. Em agosto de 2008, por exemplo, pediu que Randy o apresentasse num evento político em Davenport, Iowa. Obama manteve esse contato com o casal durante esse ano difícil. No artigo de Kathy Kiely para o *USA Today* sobre o vínculo de Obama com os Wehrman, ela cita o que Randy Wehrman disse depois que Obama telefonou para lhe oferecer apoio quando Beth morreu: "Um cara tão ocupado se importar tanto conosco foi... uáu."

A consideração é um traço que pode projetá-lo para o topo do seu departamento, da sua empresa e até mesmo da sua área de trabalho. Ser conhecido como alguém que se importa com os colegas e associados pode levá-lo muito longe na carreira. Mesmo que precise escrever cartões no avião na volta de uma viagem de negócios ou comprar uma lembrança de aniversário para um cliente durante a sua corrida meia hora de almoço, mostrar consideração, especialmente se for genuína, é uma estratégia que ajuda a fortalecer as relações no trabalho e nos negócios.

Estratégia 27

Reexamine a sua Atitude Diante do Conflito

Como seria bom — e simplista — se pudéssemos evitar todos os conflitos com os nossos colegas de trabalho e associados. Isso é possível? É viável? Em Gestão de Conflitos, como observa a especialista Deborah Katz da Transportation Security Administration, a tendência é ver o conflito como inevitável. O importante é lidar efetivamente com ele, sem ficar lamentando cada disputa. Sim, é "bom" evitar os conflitos, mas saber lidar com eles é essencial, já que não é realista evitá-los totalmente.

Na palestra "Beyond ADR: Integrated Conflict Management Systems", Jennifer Lynch, Q.C., advogada da People Development Global Inc., e Deborah Katz, exploram "a próxima geração de gestão de conflitos", conhecida como Integrated Conflict Management System (ICMS). Essa mudança de abordagem foi implementada primeiro no Canadá, no Banco Mundial e na Australia Defence Organization. A mudança em terminologia e perspectiva é a substituição de ADR (Alternative Dispute Resolution — Solução Alternativa de Conflitos) e "solução de conflitos" para "gestão de conflitos". Segundo Lynch e Katz, o conflito abrange quatro situações críticas:

1. Conflitos entre funcionário e supervisor
2. Conflitos entre colegas
3. Tensões que drenam a produtividade

4. Solução de problemas por pessoas com diferentes pontos de vista

Com a meta de uma "cultura de competência em conflito", o "sistema integrado de gestão de conflitos" parte de um princípio: "em vez de lidar com o conflito caso a caso, a organização passa a ter um foco sistemático na gestão de relações por meio da prevenção, administração e solução antecipada de conflitos no nível mais baixo possível."

A competência em conflitos é assim definida: "... as pessoas se sentem seguras para apresentar qualquer questão ou preocupação, sabendo que será recebida com respeito e tratada com responsabilidade."

Na nossa entrevista, Jennifer Lynch, ex-consultora do projeto de conflito integrado e agora funcionária sênior do governo do Canadá, resume essa abordagem ao conflito: "Você reconhece que conflito é normal. Trabalha com o conceito de organização competente em conflito e de líder competente em conflito. Isso está relacionado a como as pessoas tratam umas às outras e a como são tomadas as decisões. A como são administrados ou resolvidos os problemas."

São estes os 4Rs da gestão de conflitos e da organização competente em conflitos:

- Reconhecer que as pessoas têm pontos de vista diferentes e que o conflito pode ocorrer.
- Reagir ao que aconteceu.
- Resolver o que precisa ser resolvido e determinar as técnicas a serem usadas para isso.
- Refletir sobre as lições aprendidas e sobre como melhorar.

O que é inédito a respeito da organização competente em conflito, como observa Jennifer Lynch, é que "a gestão de conflitos se torna uma competência central".

O princípio vital dessa abordagem é: "Qualquer pessoa pode apresentar uma ideia, questão ou preocupação e saber que ela será recebida com respeito e tratada com responsabilidade."

Estratégia 28
Siga as Regras de uma "Briga Justa" se Houver Conflito

Às vezes você encontra alguém no trabalho ou na execução de um negócio e se vê envolvido numa briga ou discussão acalorada. A briga pode partir da outra pessoa e, por mais que tente oferecer a outra face, você acaba sendo arrastado para ela. É claro que seria bom se o seu colega de trabalho adotasse as mesmas regras "justas" mas, mesmo que isso não aconteça, você precisa conhecer estas regras e segui-las:

- Nada de ações físicas, ou seja: não bata, não cuspa, não puxe o cabelo, não atire objetos e nem chegue perto demais da outra pessoa com o dedo apontado, o que pode ser considerado ameaçador.
- Concorde em discordar. Pode haver dois pontos de vista com méritos iguais.
- Concorde em "dar um tempo" para "esfriar", de modo que vocês possam reavaliar o que aconteceu, numa disposição mais calma e mais racional.
- Use o pronome "eu" para dizer ao colega que o comportamento dele o magoa: "Quando você faz isso, *eu* me sinto...." A ênfase é em como *você* se sente e não em apontar um erro no que o outro está fazendo.
- Evite fofocar sobre qualquer briga que teve, mas compartilhe a situação com alguém que tenha autoridade se achar que essa medida é necessária.
- Se vocês eram amigos no trabalho e agora são arqui-inimigos, guarde para você as confidências que compartilharam durante

o período de amizade (a menos que algum desses segredos ponha você, a sua família ou a sua empresa em risco).

- Se deixar escapar algum segredo que lhe foi confiado quando a relação era melhor, você pode ser visto como alguém inconfiável ou desleal, traços que podem prejudicá-lo no trabalho ou nas relações pessoais.
- Se achar que estava errado e que um pedido de desculpas pode ajudar, faça isso mesmo que ambos estiverem errados.
- Nada de xingamentos, incluindo comentários raciais, étnicos, religiosos ou sexistas. Fale diretamente e evite o sarcasmo. Ouça o oponente: não queira só você falar.

Estratégia 29
Enfrente o Fenômeno "Água e Óleo"

Aplique este teste simples a qualquer situação no trabalho que envolva uma relação do tipo água e óleo: você e a outra pessoa são opostas, não se dão bem e não há nada que você possa apontar como a causa do desacordo. Pergunte-se: é ele ou sou eu?

Se chegar à conclusão que você não fez nem disse nada que justifique uma tal reação negativa, então é provável que alguma coisa na história ou no inconsciente da pessoa seja a causa da reação óleo e água. Dito isso, como lidar com a situação?

Talvez seja bom evitar a convivência com essa pessoa. Se você trabalha por conta própria ou como *freelancer* e a pessoa é um fornecedor, cliente ou provedor de serviços, será mais fácil evitá-la. Mas se você trabalha num ambiente de trabalho tradicional, terá que encontrar um jeito de conviver com ela já que, pelo menos por ora, nem você e nem ela vão deixar o emprego.

Uma medida possível é expor o que está acontecendo, tornando o inconsciente consciente, de modo que você e o seu colega possam de alguma forma resolver a situação. Para isso, da próxima vez que essa pessoa fizer um comentário ou agir de forma a mostrar gratuitamente sentimentos negativos por você, experimente dizer: "Parece que você se aborreceu muito com o que acabei de dizer (ou fazer). Você tem consciência disso? Que eu saiba, não fiz nada para provocar essa reação. Mas, se fiz alguma coisa que o aborreceu, quero saber para que possamos discutir e resolver essa questão."

Enfatize que vocês precisam trabalhar juntos — ou têm alguma meta em comum — e que ter uma relação positiva sem animosidades residuais é do interesse de todos.

"Como posso ajudá-lo para que possamos trabalhar juntos de um jeito mais amigável? Há alguma coisa que eu possa fazer para que você não fique mais aborrecido comigo?"

Outra abordagem é fazer de tudo para enfatizar os pontos positivos do colega "água e óleo", apesar das diferenças. Veja essa relação irritante como uma oportunidade de crescimento pessoal. Essa é uma estratégia que a *coach* Augusta Nash usou para lidar com uma situação "água e óleo" quando trabalhou num projeto com uma "mulher determinada e agressiva". Ela explica: "Ela era muito difícil. Ia em frente sem pensar nos sentimentos dos outros. Era menos ligada em relações do que eu. Normalmente eu me afastaria dela, mas tive que trabalhar com ela por seis meses."

Como Nash conseguiu trabalhar com essa mulher apesar das diferenças? Diz ela: "Ficava me lembrando o tempo todo que ela tem qualidades que eu não tenho. Eu estava lá para equilibrar as suas qualidades e ela estava lá para trazer as minhas para fora, já que não sou terrivelmente agressiva. Como era minha parceira, eu não podia me indispor com ela sem prejudicar a nossa reputação diante do cliente. Ao falar com ela, mencionava apenas as minhas orientações e o que precisava dela para não reagir mal. Mantive as coisas como se dissessem respeito só a mim."

Estratégia 30

Use o Poder de um Pedido de Desculpas se Fizer Alguma Coisa Errada

Lauren M. Bloom, advogada de Washington, D.C., é especialista em pedidos de desculpas e escreveu um livro sobre o assunto, *The Art of the Apology*. O que despertou o seu interesse pelo assunto? Ela sabia, como revelam pesquisas sobre a prática da medicina, que é menos provável que as pessoas processem alguém que lhes pede desculpas. O livro fala da importância de manter boas relações com chefes, colegas, subordinados e clientes reconhecendo o erro quando ele ocorre e pedindo desculpas sinceras. Segundo Bloom, é imperativo criar um "local de trabalho propício aos pedidos de desculpas", que define como "um ambiente em que os funcionários têm liberdade não apenas para reconhecer os próprios erros, mas para ajudar os outros, incluindo o chefe, a localizar e a corrigir qualquer erro antes que haja danos duradouros".

Qual é a sua atitude diante de um pedido de desculpas? Eles lhe parecem um sinal de fraqueza ou o reconhecimento de que você é humano e cometeu um erro? Quando foi a última vez que alguém pediu desculpas a você? Você aceitou as desculpas de boa vontade, "desculpas aceitas", ou apenas murmurou essas palavras e continuou ressentido?

Estratégia 31

Enfrente o "Gelo" Antes que Vire Hostilidade

Você já viveu uma ou mais destas situações no trabalho?

- Alguém se compromete a trabalhar com você num projeto — num compromisso por escrito — mas agora não responde aos seus e-mails. Você está sendo ignorado.

- Vocês costumavam se comunicar regularmente mas agora você nem lembra quando foi a última vez que falou com essa pessoa.
- Você recebeu metade adiantado e agora o projeto está pronto. Falta receber a segunda metade do combinado, mas a comunicação com o cliente se tornou unilateral, embora no começo ele tenha aprovado o seu trabalho.
- Você e o seu colega costumavam ter relações amigáveis, mas ultimamente ele o trata com frieza.

Esses são apenas alguns dos muitos exemplos do que chamo de "gelo", um fenômeno muito irritante que é cada vez mais comum nas empresas. Em vez de enfrentar a situação, a pessoa se afasta. Em vez de se arriscar a começar uma discussão que pode ser desagradável, cessa a comunicação. Em vez de rejeitar a pessoa ou o projeto, há apenas silêncio. (O exemplo acima — deixar de pagar o combinado — será discutido na Estratégia 40, Capítulo 6.)

O que causa o afastamento e o que você deve fazer a esse respeito? Ignorá-lo? Confrontá-lo? Tentar revertê-lo? O primeiro passo é descobrir por que o gelo ocorreu. A pessoa está muito ocupada? Aconteceu alguma coisa entre vocês?

Eis algumas razões possíveis:

- Você demorou demais para retornar o telefonema ou o e-mail dessa pessoa e agora ela está, conscientemente ou não, determinada a fazê-lo esperar.
- A pessoa está muito atarefada e não pode dar atenção a você agora (mas não sabe como dizer isso com polidez e então o evita).
- A pessoa não recebeu o seu e-mail ou o seu telefonema porque está de férias, saiu do emprego ou apagou inadvertidamente a sua mensagem.

- Você simplesmente não está na tela do radar dessa pessoa no momento.
- A pessoa está realmente assoberbada e não consegue checar as centenas de e-mails ou dezenas de mensagens de voz que estão à sua espera. Só as comunicações urgentes ou prioritárias estão sendo respondidas.
- Você deixou a pessoa com raiva e ela não sabe como dizer isso a você.

Em geral, é melhor evitar um confronto dramático porque você não pode "fazer" com que a pessoa lhe dê atenção pressionando-a ou bombardeando-a com telefonemas e e-mails. Mas você pode motivá-la a lhe dar atenção.

Eis algumas sugestões para lidar com o gelo:

1. Procure se comunicar de outra maneira. Se vocês costumam trocar e-mails e os seus e-mails estão sendo ignorados, tente pegar o telefone e ligar. É incrível como uma simples mudança no tipo de comunicação, mesmo que o outro esteja em outro país e num fuso horário diferente, pode promover a reaproximação.
2. Dê à pessoa o benefício da dúvida. Pode ser que ela tenha se afastado por motivos ligados à sua vida pessoal ou profissional, que não têm nada a ver com você. Seja paciente mas procure manter a comunicação, mesmo que no momento ela seja unilateral. Sem ser fofoqueiro e nem espião, veja se consegue descobrir por outra fonte — pela mídia ou por algum *site* de redes sociais, por exemplo — alguma coisa que o ajude a compreender por que a comunicação cessou. Talvez a pessoa esteja de licença médica ou de licença maternidade, ou numa viagem de negócios de sete semanas sem acesso à internet ou a um telefone.

3. Envie uma comunicação em outro formato e sem tentar provocar remorso: diga apenas que gostaria de ter notícias quando for possível.
4. Em vez de só tentar saber o que está acontecendo, procure compartilhar alguma novidade que seja oportuna. Envie, por exemplo, um artigo ou uma informação interessante, de modo a manter a comunicação rolando sem ser opressivo.
5. Se vocês trabalham juntos, procure promover um encontro em pessoa, num almoço por exemplo, para restabelecer a comunicação. Se têm negócios em comum mas estão longe um do outro, procure assim mesmo marcar um encontro em pessoa, ainda que seja em outra cidade, numa conferência ou exposição a que vocês dois devem comparecer.
6. Use a sua energia para procurar outra pessoa com quem trabalhar, em vez de ficar obcecado pela que se afastou. Com o tempo, essa pessoa pode voltar e recomeçar de onde parou, ou explicar por que se afastou — ou o contato pode se perder para sempre. Mas pelo menos você está tocando o seu negócio e a sua carreira em vez de continuar fixado nela.
7. Ajude essa pessoa mostrando de forma concreta que você se preocupa com ela e quer ajudá-la a ter sucesso. Proponha-lhe um negócio, ofereça-se para escrever uma recomendação num dos *sites* de redes sociais ou envie uma cópia de um artigo que leu recentemente, dizendo-lhe que você gostou e acha que ela também gostará.

O Tratamento do Silêncio

Essa é uma variação do "gelo", que precisa ser enfrentada com igual sensibilidade.

O tratamento do silêncio é uma estratégia a ser evitada em qualquer local de trabalho — é grosseiro, pode enraivecer as pessoas e, ainda pior, é cruel. De todas as maneiras de terminar uma relação, ser ignorado é (provavelmente) uma das que gera mais negatividade. Isso ocorre quando, por exemplo, alguém com quem você troca e-mails regularmente para de responder aos seus e-mails — e ignora os seus telefonemas.

O que você deve fazer se for alvo do tratamento do silêncio?

- Procure usar outra forma de comunicação. Se os seus e-mails forem ignorados, envie um fax. Se o fax for ignorado, experimente um encontro em pessoa num evento ou numa interação de negócios que motive a pessoa a se abrir, de modo que possam retomar a comunicação.
- Não leve tudo para o lado pessoal, por mais que pareça pessoal. A pessoa pode estar ocupada, estressada, pode estar acontecendo alguma coisa que você desconhece. Infelizmente, muita gente acha que não dizer nada é melhor do que dizer alguma coisa que possa dar errado.
- Aceite os sinais de que as coisas não vão bem entre você e essa pessoa ou empresa e comece a procurar novos contatos, empregos, projetos ou relações que sejam mais sensíveis e mutuamente benéficos.

Estratégia 32

Supere Sentimentos de Mágoa ou Raiva

Isso pode ser muito difícil. Você costuma dizer a um colega ou cliente que ele o ofendeu ou deixa a coisa rolar? Há prós e contras em cada reação.

Os Prós de Compartilhar Sentimentos de Mágoa

- Você desabafa.

- Se estiver obcecado, compartilhar os seus sentimentos pode ajudar a aliviar a obsessão, de modo a lhe permitir se concentrar de novo no trabalho.
- Fazer com que a outra pessoa saiba que o aborreceu pode ser uma boa lição, evitando que a mesma coisa aconteça com outras pessoas.
- Você será visto como uma pessoa sensível e verdadeira.

Os Contras de Revelar os seus Sentimentos

- Em alguns ambientes de trabalho, expor sentimentos profundos e ser considerado uma pessoa sensível pode ser interpretado como sinal de fraqueza.
- Ao se queixar, você pode dar poder demais ao outro.
- Caso tenha interpretado mal o que aconteceu, você pode aumentar a importância do comentário, situação ou ação ao trazer o assunto à tona, dando-lhe mais importância do que necessário.
- Você pode dar a impressão de não saber lidar com conflitos ou de reagir com muita ênfase a situações que os outros tiram de letra.

Nunca Aperte a Tecla "Enviar" Quando Estiver Aborrecido

Nos velhos tempos, quando a pessoa tinha que escrever uma carta para comunicar o que pensava ou sentia, o tempo que levava para escrever a carta, pôr no envelope, preencher o endereço, procurar um selo e ir até a caixa do correio, era suficiente para cair em si e rasgar a carta. (Se você a pusesse na caixa de correspondência para ser recolhida, teria pelo menos uma hora para resgatá-la, sem que ninguém ficasse sabendo o que ela continha.) Mas agora que o e-mail oferece uma forma instantânea de se comunicar, cabe a você exercer o autocontrole e julgar *quando* e *se* deve enviar uma mensagem raivosa. Em termos de procedimento em situações de trabalho, a regra que defendo desde que comecei a escrever nessa área há mais de duas décadas é: elogie por escrito, critique pessoalmente ou, se a distância for muito grande, por telefone. Sempre que possível, siga essa regra. Críticas duras feitas por escrito, especialmente num e-mail, tendem a inflamar a situação, já que o e-mail pode ser lido várias vezes, causando ainda mais dor, além de poder ser compartilhado com outras pessoas, intencionalmente ou não, transformando um conflito particular num desentendimento público.

Se você pretende escrever e enviar um e-mail negativo para alguém, em vez de redigi-lo no corpo do e-mail, escreva-o num arquivo separado, sem conexão com a Internet. Salve o texto e prometa a si mesmo que vai dar um tempo para a mensagem assentar. Volte a ela algumas horas ou até mesmo alguns dias depois. Se você ainda se sentir do mesmo jeito, depois de ter relido as palavras raivosas com o coração menos enfurecido, e ainda quiser enviar a mensagem, já com a cabeça fria, então pode fazê-lo. Mas você se deu a oportunidade de reavaliar se essa é a coisa certa a fazer ou, se precisa mesmo dizer aquelas coisas, se esse é o melhor formato a ser usado.

Estratégia 33
Use Cartões ou Lembrancinhas para Melhorar as Relações no Trabalho

São muitas as razões para se dar um cartão ou uma lembrancinha: pelo menos tantas quantas os exemplos de que um presente pode ter o efeito contrário. Uma vez, fiquei alguns dias na casa de uma família em Mumbai, na Índia, quando fazia pesquisas para o meu primeiro livro. Nos Estados Unidos, é costume o hóspede levar um presente para o anfitrião. No entanto, no último dia da minha estadia em

Mumbai, fui eu que ganhei várias lembrancinhas como forma de me agradecerem por tê-los honrado sendo o seu hóspede. Um costume muito diferente do nosso, que me deixou muito grato pelos presentes e também pelo sentimento.

Quando não é possível dar um presente porque a outra pessoa está numa situação em que não pode aceitá-lo — como é o caso de um funcionário de uma agência do governo ou de uma empresa que tenha regras nesse sentido — considere enviar um cartão atencioso.

Mas se dar um presente é permitido, especialmente uma lembrancinha não muito cara, você pode presentear a pessoa em questão no final de ano ou numa data especial: se ela completou um certo número de anos na empresa, se conseguiu alguma coisa importante ou se fechou um grande negócio (mas não com você ou com a sua empresa, o que poderia ser mal interpretado). Se você não sabe direito quais são as regras sobre troca de presentes na empresa dela ou qual é o valor-limite recomendado, verifique no departamento de recursos humanos: se não houver esse departamento, peça uma orientação aos colegas ou ao supervisor. Algumas empresas estipulam um limite de valor para funcionários no nível executivo. Outras, em que os funcionários trocam presentes entre si no final de ano, sugerem manter o preço do presente num valor baixo.

Enviar um presente pode ser um gesto positivo e sincero, com vários benefícios emocionais e estratégicos. Mas às vezes é um tiro que sai pela culatra. Augusta Nash me contou que teve uma chefe que vivia lhe dando presentes, o que a deixava muito embaraçada. Diz Nash: "Tive uma chefe por cinco anos que me cobria de presentes e eu sempre me sentia desconfortável porque não sabia o que ela queria com isso. Ela me deu um aspirador de pó. Estava sempre me oferecendo milhagem de voo. Vivia me mandando comida e me dando coisinhas. Fazia questão de me emprestar o carro, que era bem caro. Era um exagero e era o tempo todo. Será que eu devia trabalhar mais? Será que devia ser a sua melhor amiga? O que ela estava comprando?"

Nash explica que a situação piorou à medida que o excesso de presentes começou a gerar uma visão pouco realista a respeito da relação profissional entre elas. "Uma vez, alguns colegas apareceram meio de surpresa para jantar. Ela ficou sabendo e se ofendeu porque não a convidei, embora estivesse num nível muito mais alto do que o nosso. Ficou aborrecida."

E qual foi o final da história? Nash diz que ficou agradecida quando conseguiu uma oferta melhor de emprego e pôde se demitir em circunstâncias vantajosas, deixando para trás o emprego e a situação desconfortável com a chefe.

Todos nós já ouvimos a expressão "é a intenção que conta" mas, quando se trata de troca de presentes, o preço do presente tem que ser considerado. Enviar um presente caro demais pode ser mais ofensivo para quem recebe do que enviar alguma coisa barata demais, o que deprecia o gosto de quem dá. Muitas agências do governo têm regras ou leis contra a troca de presentes, mesmo nas festas de fim de ano. No setor privado, cada área de atividade e cada empresa tem os próprios padrões. Se você está em negociação com uma empresa, é melhor evitar qualquer troca de presentes pelo menos até o negócio estar finalizado, assinado, selado e entregue.

Quando é apropriada, a troca de presentes no trabalho pode ser uma forma agradável e positiva de mostrar apreço por um funcionário, cliente, colega ou fornecedor. Quando eu estava entrevistando homens e mulheres para o livro *Making Your Office Work for You*, notei um porta-cartões muito bonito na mesa de uma executiva de uma grande firma de Manhattan. Ela me contou, com orgulho, que a sua secretária tinha lhe dado o portas-cartões como presente de fim de ano. Lembro-me também da entrevista que fiz com a dona de uma agência de empregos. No escritório gigantesco, havia uma caixa que ocupava quase a metade do seu impressionante espaço de trabalho.

Na caixa havia dezenas de cestas de Natal. Essas cestas iam ser enviadas para os principais clientes como um agradecimento de final de ano. Quando vou à Feira do Livro em Frankfurt, vejo sempre uma intensa troca de presentes entre agentes e editores, ou entre os editores. Não são presentes caros, em geral alguma coisa típica do país de quem presenteia, como um marcador de livros artesanal da Indonésia ou um bloquinho de papel da Coreia, mas é um ritual que faz parte do encontro de negócios, assim como trocar cartões de visita ou discutir os últimos projetos.

Mesmo nestes tempos economicamente tão difíceis, trocar presentes é uma forma de mostrar reconhecimento por alguém com quem você se relaciona profissionalmente. Às vezes, o presente pode ser substituído por uma doação a uma instituição de caridade em nome da outra empresa ou de uma pessoa.

É muito importante que o presente seja apropriado e que faça a relação avançar de maneira positiva, em vez de ser um tiro que sai pela culatra. Estas são algumas perguntas que você deve se fazer antes de comprar um presente para alguém do seu ambiente de trabalho:

- Será que é aceitável nesta empresa, associação ou agência, dar um presente?
- Será que há regras a respeito de quanto posso gastar?
- Será que o presente que pretendo comprar é apropriado numa situação de trabalho ou será que é muito pessoal?
- No caso de um presente perecível, tenho para onde enviá-lo caso a pessoa tenha saído de férias?
- Será que vou ficar sem jeito se a pessoa a quem estou presenteando resolver retribuir me enviando um presente?
- Será que estou mandando este presente movido por um sentimento sincero por alguém que atingiu uma meta, teve um bebê, fechou um negócio etc. ou será que estou tentando cair nas boas graças dessa pessoa?

Quando é apropriada e não é levada a extremos, a troca de presentes pode ser uma boa maneira de fortalecer ou melhorar uma relação profissional, mas a relação tem que existir e o presente tem que ser adequado a essa relação. Não pode ser alguma coisa tão inadequada que a pessoa que a recebe, como Nash, fique com uma sensação desconfortável, se perguntando: "O que o meu patrão quer de mim?" ou "Qual é a intenção secreta do meu colega por trás desse presente?"

Mas e se você estiver numa situação assim e, ao contrário de Nash, não puder trocar de emprego ou não quiser terminar a relação com um cliente? Como lidar com isso sem pôr em risco a relação profissional?

Presente de um Colega

- Recuse o presente com delicadeza. "Desculpe, mas não posso aceitar. Eu não me sinto confortável." Devolva e deixe que o colega decida o que fazer com ele.
- Pergunte o motivo. "Por que você está me dando este presente?" Com base na resposta, decida o que fazer.

Presente de um Chefe

- Diga: "Obrigado, mas não me sinto à vontade para aceitar."
- Ou: "É demais para eu aceitar."
- Aqui também, pergunte o motivo. Se o presente foi dado no lugar de um bônus, veja se pode trocá-lo pelo seu valor em dinheiro.

Presente de um Cliente

- Se o valor for aceitável mas o presente em si o deixar desconfortável, como no caso de uma joia ou de um objeto pessoal que implique motivos ulteriores, você pode devolver o objeto ou dispor dele sem alarde.
- Se houver alguma política contra a troca de presentes, agradeça e depois avise que vai doar o objeto que recebeu.

Capítulo 6

Como Enfrentar Algumas Situações no Local de Trabalho

Estratégia 34

Aproxime as Gerações

Perguntei a um CEO de 31 anos, que tem com mais seis sócios uma empresa de TI no Vale do Silício, na Califórnia, se ele enfrenta problemas ligados a diferenças entre gerações. É mais difícil trabalhar com pessoas mais velhas ou mais jovens? Ele respondeu que não tem esse problema porque só contrata pessoas com 31 anos.

Essa objetividade revela o crescente desafio das questões intergeracionais no local de trabalho e nos negócios em geral. As pessoas mais velhas que continuam trabalhando ou que voltam a trabalhar acabam muitas vezes tendo um patrão com metade da sua idade; os mais jovens entram para a força de trabalho com uma visão pouco realista (por exemplo, sobre salários, sobre o tempo que leva para progredir na carreira e sobre as horas que terão que trabalhar) e os trabalhadores de meia-idade sentem pouca lealdade pelo empregador, achando que podem ser demitidos sem motivo. Esses trabalhadores maduros parecem ter mais lealdade pelos recrutadores ou pelos *sites* de empregos que consultam diariamente, pelos antigos colegas de escola ou por antigos colegas e patrões do que pela empresa que lhes paga um salário, mas sem garantias.

Temos agora pelo menos quatro gerações no local de trabalho:

- Tradicionalistas (nascidos antes de 1946)
- *Baby Boomers* (nascidos entre 1946 e 1966)
- Geração X (nascidos entre 1967 e 1981)
- Geração Y/Geração do Milênio (nascidos entre 1982 e 2002 — também conhecidos como *Echo Boomers*, ou filhos dos *Baby Boomers*)

Quais são as principais distinções entre elas em termos de abordagem do trabalho e do local de trabalho? As definições que se seguem são, naturalmente, estereótipos, havendo espaço para diferenças individuais dentro de cada tipo. Mas os fatores culturais, tecnológicos e sociais que cada geração tem em comum moldam de certa forma essa geração. Isso, por sua vez, influencia as expectativas que os membros dessa geração trazem para o local de trabalho, assim como a sua maneira de lidar com o local de trabalho e com as relações profissionais.

Os Tradicionalistas viveram dois eventos decisivos: a Grande Depressão dos anos 1930 e a Segunda Guerra Mundial. Conheceram o sacrifício, a necessidade de adiar sonhos e metas, as dificuldades econômicas e o trabalho num país comprometido com atividades bélicas. Uma aposentadoria a seu tempo num clima ensolarado, para jogar golfe e relaxar, era em geral a meta desse grupo etário, até que a crise econômica de 2008 os forçou a voltar à força de trabalho.

Os *Baby Boomers* cresceram à sombra da Segunda Guerra Mundial, tendo nos anos 1960 e na liberação feminina dois dos fatores que os definiram. Mudar para um bom bairro e oferecer uma boa instrução aos filhos eram as metas de muitos desses *Baby Boomers* como pais. São determinados a fazer as coisas de maneira diferente da dos seus pais, incluindo a abordagem à aposentadoria. Mas, com a crise econômica de 2008, mesmo os que planejavam se aposentar aos 60 e poucos anos se viram forçados a voltar à força de trabalho para pagar uma aposentadoria melhor ou apenas para sobreviver economicamente.

A Geração X é a geração que cresceu com a tecnologia como uma forma confortável e aceitável de se comunicar e de interagir. O Presidente Barack Obama, embora tecnicamente um dos *boomers* mais jovens, nascido em 1961, atrai a Geração X e os eleitores mais jovens porque é percebido como um deles. Uma das marcas da campanha presidencial do Presidente Obama foi a sua desenvoltura no uso da tecnologia para se comunicar com os colaboradores, incluindo a participação ativa no Twitter.com. e o uso do Blackberry que, como ele mesmo admitiu, é fundamental na comunicação com os amigos mais próximos.

A Geração Y, ou Geração do Milênio, são os mais jovens na atual força de trabalho, indo dos 18 aos 25 anos. Os da Geração Y, ainda mais do que os da Geração X, cresceram com a tecnologia como uma parte esperada e previsível da vida. Os celulares e a Internet são totalmente naturais para essa faixa etária. No geral, esperam que tudo aconteça muito depressa e têm mais probabilidade do que qualquer outra geração de realizar facilmente múltiplas tarefas.

Bruce Tulgan, que passou as últimas duas décadas estudando as diferenças entre as gerações no local de trabalho e cujo livro mais recente é *Not Everybody Gets a Trophy: How to Manage Generation Y*, aponta algumas das características no trabalho dessa geração mais nova. Diz Tulgan: "Eles aparecem no primeiro dia cheios de energia e entusiasmo. 'Estou aqui. Estive no seu *site*. Há 17 coisas que vocês devem mudar imediatamente na sua empresa.' O entrevistador diz: 'Puxa! Faz 5 minutos que você chegou. No meu primeiro dia fiquei de boca fechada e de cabeça baixa, e você aparece dizendo como vai mudar a empresa.'"

Tulgan observa que, mesmo depois de contratados, esses funcionários mais jovens podem entrar em conflito na empresa ao perguntar ao gerente: "Não dá para chegar às nove. Preciso ter as quintas livres. Alguma chance de eu trabalhar em casa?"

Outra dificuldade que Tulgan aponta é que os trabalhadores mais jovens e com menos experiência tendem a se cansar rapidamente das tarefas. Diz ele: "Querem fazer coisas novas. 'Estou fazendo isso há semanas e não quero mais fazer.' A atitude do gerente é: 'Agora que você sabe fazer isso, queremos que faça. Você é bom nisso e pode continuar fazendo.' Mas o jovem trabalhador pensa: 'Agora que sei fazer isso, quero fazer outra coisa.'"

Resolver essas discordâncias geracionais significa também que a geração mais velha tem que se ser mais paciente com as mais novas. Se, em vez de deixar que um trabalhador mais jovem e menos experiente aprenda a realizar uma tarefa, você a realiza para ele, a companhia vai sofrer no longo prazo. No curto prazo, vai minar a confiança do jovem. A treinadora Augusta Nash descreve uma situação que ocorreu no seu local de trabalho que corrobora essa perspectiva: "Disse à minha assistente administrativa para criar um documento para mim, expliquei-lhe os critérios, fui tratar das minhas coisas. Mas, na tarde seguinte, ela ainda não tinha terminado o documento e, muito embora ainda estivesse no prazo, eu mesma o criei, pedi a ela que fizesse algumas cópias e saí. Ela pareceu aborrecida mas não me dei ao trabalho de perguntar por quê. Mais tarde, quando voltava de um compromisso, percebi que tinha minado a sua autoridade e a sua motivação pela forma como tinha resolvido o problema. Voltei para o escritório, fui até a mesa dela e pedi desculpas. Eu lhe disse que tinha ficado ansiosa para terminar o documento, sem me dar ao trabalho de lhe dizer o que estava acontecendo (comigo). E que sentia muito. Ela irrompeu em lágrimas e disse que sentia por ter falhado comigo etc. etc. etc. Reforcei que tinha sido uma decisão minha. Depois dessa experiência, ela passou a trabalhar ainda mais e eu passei a me comunicar melhor com ela. Tínhamos nos tornado uma equipe!"

Joyce Gioia conta como lida com questões geracionais, como as relacionadas com roupas e tatuagens: "Os empregadores e líderes corporativos que ficam aborrecidos com essas roupas e tatuagens precisam 'superar a implicância'. Essa advertência é uma mensagem para todos nós porque às vezes é difícil para mim. Eu ficava realmente aborrecida com tatuagens e *piercings*. Mas todos nós temos que superar essa dificuldade porque, dentro do razoável, isso é apenas a maneira de se expressar desses jovens."

Com base na minha experiência e na minha pesquisa, acrescento algumas dicas para trabalhar com diferentes gerações:

1. Conhecer as características gerais de cada geração, como os *Baby Boomers* que amadureceram durante os anos 1960, quando paz e amor eram valorizados e ganhar dinheiro não era tão importante quanto entrar para o Corpo de Paz e mudar o mundo. No entanto, lembre que há fortes diferenças individuais dentro de cada estereótipo geracional. Por exemplo, há os *Baby Boomers* de classe média alta que se tornaram milionários ou mesmo bilionários e que valorizam muito o dinheiro, enquanto outros lutam para sobreviver não porque sejam humanitários magnânimos, mas porque enfrentaram tempos difíceis e estão falidos.
2. Se você acha difícil trabalhar com pessoas de outras faixas etárias por causa da maneira como se vestem, se comportam, falam ou até mesmo por causa de sua maneira de encarar o trabalho e as relações profissionais, faça um *workshop* sobre questões geracionais ou contrate um *coach* especializado em ajudar as pessoas a superar obstáculos emocionais ou profissionais. Cabe a você se adaptar a um local de trabalho intergeracional em vez de esperar que ele se ajuste a você.
3. Enfatize o que é semelhante entre as gerações e não o que é diferente. Pode ser que os jovens da Geração do Milênio se sintam mais à vontade enviando mensagens de texto do que telefonando, mas honestidade, preparo e pontualidade são padrões que atravessam as gerações.

4. Não enfatize a sua idade. Não precisa mentir a esse respeito, mas você pode se concentrar na sua experiência, se for mais velho. Se for mais jovem, pode ressaltar o seu entusiasmo, energia e o treinamento que recebeu, mais recente e inovador.
5. Esteja preparado para as perguntas mais comuns que podem lhe fazer. Uma vez, há mais de dez anos, recebi um telefonema da produção de um programa de entrevistas. Pensavam em me convidar para participar do programa como especialista. A pessoa me perguntou a idade. Fiquei muito espantada. Nunca tinham me perguntado a idade para participar de um programa. Afinal, estava sendo convidada como especialista e não como telespectadora. Resmunguei a minha idade e a pessoa perdeu imediatamente o interesse em mim. Quando mencionei esse incidente para uma amiga que é uma geração mais nova do que eu, ela disse que eu deveria ter dado uma resposta mais ou menos assim: "Vinte. Esse é o número de anos que passei me tornando especialista nessa área. Esse é o único número que deve lhe interessar." Outra solução teria sido reverter a pergunta: "Por que você quer saber?" Se a pessoa lhe explicar por que tem que colher essa informação, você estará em melhor posição para decidir se quer responder à pergunta.
6. A questão é que há diferentes maneiras de se comunicar. Um Tradicionalista pode escrever um cartão de agradecimento, enquanto um *Boomer* pode lhe mandar um e-mail. Alguém da Geração X pode lhe mandar uma mensagem de texto e alguém da Geração do Milênio pode nem se dar conta de que deveria agradecer. Pense nisso e no que isso significa.
7. Os diferentes grupos aprendem de maneiras diferentes. Os *Boomers* e os Tradicionalistas aprendem escrevendo, ouvindo mentores e vendo como é que se faz. Os da Geração X e do Milênio aprendem pela simulação, pelo desempenho de

papéis, treinamento e jogos. Se quiser interessá-los, use uma simulação.

8. Os Tradicionalistas e alguns *Boomers* têm medo da tecnologia. Você pode incentivar os da Geração X e do Milênio, que sabem tudo de tecnologia, a ajudar os outros e, em troca, os mais velhos podem ajudá-los a formar redes de contato e a conduzir um encontro em pessoa. Você pode fazer uma combinação.
9. Alguns das gerações mais jovens podem ficar ressentidos por serem requisitados quando a questão é tecnologia e não para dar opiniões. São impacientes e querem um mapa de carreira. O conceito de lealdade a uma organização não faz parte do repertório deles, mas temos que admitir que as organizações os decepcionaram. Faça com que tenham habilidades portáteis, que lhes permitam trabalhar em qualquer lugar.
10. Muitos Tradicionalistas introduzem as suas histórias dizendo "no meu tempo...", o que afasta as gerações mais jovens.
11. Para as gerações mais velhas, usar tatuagem significava ter estado na Marinha ou na prisão. Para as gerações mais jovens, é um símbolo de expressão.
12. Os da Geração do Milênio vão falar com você. Querem *feedback* imediato. As gerações mais velhas veem a avaliação de desempenho de outra maneira: para elas, a ausência de notícias é uma boa notícia.
13. A geração mais jovem tem uma atitude diferente a respeito de tempo de serviço. "Não preciso ficar aqui tanto tempo" ou "Não vou ficar lá muito tempo".

Quando alguém não se sente confortável numa determinada geração, pode ser visto como um "*cusper*" — como quem nasce entre dois signos —, identificando-se mais com uma das duas gerações.

Felizmente, nem todos os jovens acham que trabalhar com pessoas mais velhas é algo a ser evitado. A dra. Wright, uma produtora e apresentadora de TV de 37 anos, que tem o próprio programa sobre empreendedorismo, gosta da oportunidade de trabalhar com uma diversidade de idades. Como disse na nossa entrevista: "Trabalhar com pessoas de 70 anos? Para mim, é uma oportunidade estimulante. Trabalhar com uma pessoa mais velha me dá acesso a uma perspectiva diferente. Eu só vejo as coisas da maneira que as vejo. É sempre bom olhar historicamente para as coisas. 'Já tivemos uma recessão antes e sei que podemos superá-la.' Isso torna tudo muito mais agradável. Também gosto de trabalhar com pessoas mais jovens porque aceleram as coisas e deixam claro que o jeito delas é esse."

Estratégia 35

Administre as Diferenças de Sexo

Hoje em dia, é provável que você encontre um número igual de homens e mulheres no local de trabalho, em diferentes níveis. Se você é homem, a probabilidade de ter como chefe uma mulher é maior do que nunca. Se é mulher, a sua maneira de se relacionar com outra mulher como chefe estará muito mais em pauta do que no passado.

A estratégia é evitar fazer distinções entre os sexos. A sua relação básica com as pessoas é de colega ou chefe, e o fato de serem homens ou mulheres não deve fazer diferença. Se tiver dificuldade para agir assim, pode tornar o ambiente de trabalho desconfortável. Ela é em primeiro lugar a sua chefe e, em segundo lugar, uma mulher. Faça o possível para superar a questão do sexo: se precisar de ajuda, procure um *coach* ou um terapeuta com quem possa explorar as raízes das suas relações no trabalho. Quais são as causas emocionais dessa dificuldade? Procure tirar da mente as diferenças sexuais porque isso pode causar problemas.

Quando uma situação de trabalho se torna mesmo que remotamente sexual ou assume um tom diferente, é aí que o problema começa. Se você é mulher, não deve se vestir de maneira provocante, tornando mais difícil para os colegas ou o chefe tratá-la como um ser não sexual. Infelizmente, ainda há pessoas apegadas a preconceitos sexuais. Por exemplo, num artigo recente para o *New York Times*, há uma citação de Carol Smith, vice-presidente sênior e gerente de marcas de uma empresa de mídia: "Na minha experiência, chefes mulheres tendem a pensar mais racionalmente, são melhores administradoras, melhores conselheiras e melhores mentoras. Os homens adoram ouvir a própria voz. Estou generalizando, sei disso. Mas nos lugares em que trabalhei, eu costumava pedir para me chamarem 15 minutos depois do início da reunião. Assim, escapava da conversa sobre futebol. Não precisava ouvir o que supostamente fizeram no jogo de golfe. Escapava das quatro piadas e podia entrar na reunião quando ela estava começando."

Se alguém lhe perguntasse, como o *New York Times* perguntou a Carol Smith, se você já pensou bastante sobre homens e mulheres como administradores, qual seria a *sua* resposta? Se a sua resposta refletir alguns preconceitos e noções preconcebidas, procure descobrir de onde vem essa visão e se ela está atrapalhando as suas relações no trabalho.

E as diferenças de sexo em telefonemas e comunicações escritas? Já percebeu as disparidades? Os homens com autoridade são diretos a ponto de serem rudes? As mulheres tendem a incluir mais informações pessoais e a escrever e-mails mais longos do que os homens? Ou são esses apenas estereótipos que não lhe parecem verdadeiros?

Estratégia 36

Entenda as Dificuldades de Trabalhar com um Amigo

Só porque você e os seus amigos trabalham juntos, isso não quer dizer que os negócios ou a amizade estejam condenados. Ami Garcia é uma mulher de negócios da Califórnia que, juntamente com duas das suas melhores amigas, é sócia de uma empresa de sapatos para bebês, desde 2005. Essa experiência positiva de trabalho contraria o clichê sobre *nunca* trabalhar com um amigo. As três mulheres são casadas e cada uma delas tem dois filhos pequenos. Como mães que trabalham, criaram o negócio de modo a terem mais controle sobre o seu tempo: são chefes de si mesmas e ainda assim conseguem priorizar a família. Amie mora em San Diego, Mitzi em São Francisco e Laura em Washington, D.C. Laura é a única que tem outro emprego, além de ser sócia da empresa e cuidar dos filhos.

Amy, que já trabalhou como professora de escola fundamental e diretora assistente, explica: "A confiança sempre foi importante em todas as minhas relações no trabalho. Com professora e diretora assistente, sentia que a confiança era a base para construir relações sólidas com as famílias e para obter respeito como administradora. Como dona de uma pequena empresa, sou sócia de um negócio que comecei com duas amigas, Laura e Mitzi, em quem tenho cem por cento de confiança. Laura e Mitzi são amigas desde a faculdade. Mitzi e eu nos conhecemos quando estávamos grávidas pela primeira vez. Depois conheci Laura por meio de Mitzi."

Quais são os outros segredos desse sucesso? Elas têm funções especializadas, o que ajuda a reduzir uma possível competitividade que poderia ter um impacto negativo sobre o funcionamento da empresa. Diz Amie: "Cada uma de nós participa de todos os aspectos do negócio mas, com o tempo, criamos papéis para nós mesmas, com base no que gostamos. Mitzi gosta de *design*, eu gosto de supervisionar a confecção e de descobrir materiais sustentáveis. Laura cuida da loja *on-line* e supervisiona o nosso programa de caridade. (Doamos 10% das vendas mensais, cada mês para uma instituição diferente.)"

Em vez de correr o risco de competir entre si, o que poderia acontecer se todas trabalhassem para gerar vendas ou criar o *design* dos produtos, elas dividiram as funções dentro da empresa e cada uma tem uma ou duas áreas que se sobrepõem um pouco. Amie cuida da confecção e também da contabilidade. Laura cuida das vendas diretas e do *website*. Mitzi cuida do *design*. Mitzi acha que a empresa funciona porque todas têm um sentimento positivo a respeito do trabalho. Diz Mitzi: "A paixão que temos pelo nosso trabalho contagiou os negócios. Não daria certo abrir um negócio com algumas das minhas amigas, que também são *designers* e muito parecidas comigo. A beleza [da nossa empresa] é que cada uma de nós tem uma personalidade muito diferente. Cada uma de nós tem dois filhos mas compartilhamos esse outro filho, que é o nosso negócio. Administramos o negócio da mesma forma que administramos a nossa vida. Temos o trabalho dos nossos sonhos. Damos 10% da nossa renda para caridade. Fazemos coisas fabulosas para a nossa comunidade. O nosso trabalho é um reflexo de como vivemos a nossa vida."

Para outros, como o CEO Richard Laermer, um escritor que tem a própria empresa de relações públicas, trabalhar com velhos amigos não funcionou. No entanto, ficou amigo de alguns dos seus funcionários, uma amizade que se desenvolveu naturalmente a partir das experiências de trabalho que compartilham.

Um ex-diretor de uma empresa de serviços financeiros fala de uma das três amizades que conquistou entre os 30 funcionários subordinados a ele: "Eu já conhecia Craig e o seu trabalho. Quando estava montando a nova divisão, soube que ele não estava trabalhando e lhe perguntei se estava interessado em participar como consultor. Com isso, ele acabou trabalhando para mim por sete anos e nesse período acabamos ficando amigos."

O trabalho acabou há oito anos, mas eles continuaram amigos, explica ele.

O questionário a seguir vai ajudá-lo a decidir se você pode trabalhar com um amigo próximo:

Questionário: Trabalhar com um Amigo

1. Você escolheu com cuidado o amigo com quem quer trabalhar? Nem todas as amizades e situações de negócios são iguais.
2. Você e esse amigo têm os mesmos valores — como honestidade, lealdade e confiança —, a mesma ética de trabalho e prioridades familiares semelhantes?
3. Há alguma forma de dividir as responsabilidades de modo que tenham funções complementares e não competitivas?
4. Se vai estar subordinado a um amigo, será que você consegue aceitar as ordens dele, separando a amizade do papel de supervisor?
5. Se o seu amigo vai estar subordinado a você, será que fará o mesmo?
6. Será que você consegue ser objetivo no trabalho ou no seu negócio, apesar da ligação emocional com o seu amigo?
7. Se o arranjo não funcionar, será que um dos dois vai estar preparado para deixar o emprego?
8. Se vocês não estão no mesmo nível, será que conseguirão trabalhar juntos apesar das diferenças de *status* e função?
9. Se você tem um negócio com um amigo, será que tem um documento legal a que recorrer e também uma estratégia para o caso do arranjo não funcionar?
10. Você está disposto a escolher entre o emprego ou a amizade, caso seja necessário?

Se você respondeu "sim" a todas as perguntas, trabalhar com um amigo tem uma probabilidade maior de sucesso. Se respondeu "não" a uma ou mais perguntas, reconsidere seriamente se esse arranjo é bom para você. Se respondeu "não" a três ou mais perguntas, especialmente à pergunta 10 — você está disposto a escolher entre o emprego ou a amizade, caso seja necessário? —, é melhor adotar uma regra que proíba amigos no trabalho ou nos negócios.

Ao contrário da experiência positiva de Amie, Mitzi e Laura, descrita neste capítulo, algumas sociedades formadas por amigos não funcionam tão bem. Nesse caso, o que fazer? Bill, de 41 anos, e o seu sócio tinham uma agência de propaganda há sete anos, mas eram mais do que sócios. Tinham se tornado amigos. Bill casou e se tornou pai durante os anos em que ele e Steve tocavam juntos a empresa. Então Steve começou um relacionamento com a nova assistente de Bill, Lisa. Havia rumores de que estariam saindo juntos, mas Bill não deu importância. No entanto, depois de alguns meses, Steve anunciou que estava deixando a empresa e que a assistente de Bill iria com ele. Steve iniciou uma empresa rival, com o dinheiro de uma herança de Lisa. (Lisa teria 51% da nova empresa.)

Entrevistei Bill dois anos depois disso e ele ainda estava em choque. Ainda está tentando descobrir o que fazer a esse respeito. Steve ainda é dono de um terço da empresa de Bill, apesar de tecnicamente Bill ter comprado a parte dele. Pensou em abrir um processo mas não sabe se os custos e o trauma de um processo legal valerão a pena no longo prazo. "Como não percebi que isso ia acontecer?"

O que Bill aprendeu com essa situação tão difícil? Ele responde: "Aprendi que não devo ter sócios e que não devo ser tão aberto e confiante outra vez. Agora, mantenho as relações no trabalho separadas das minhas relações pessoais."

Vimos o exemplo positivo de Amie, Mitzi e Laura, que eram amigas quando ficaram sócias de uma confecção de sapatos infantis. Até agora, a sociedade está indo bem. Então, a resposta não é eliminar uma sociedade porque alguma coisa pode correr mal. A melhor estratégia é ficar mais atento a sinais de que a sociedade está mudando e não está mais funcionando tão bem.

Eis alguns desses sinais:

- Vocês tinham uma comunicação aberta no trabalho, mas agora o seu sócio está ficando mais reservado.
- Vocês passam menos tempo juntos fora do trabalho.
- O trabalho ficou muito mais desproporcional, mas os termos da sociedade não mudaram para refletir essa mudança.
- Você tem a sensação de que o seu sócio está planejando alguma coisa, mas não sabe exatamente o que poderia ser.

Estratégia 37

Como Terminar uma Relação Profissional com um Amigo

Você já teve uma relação profissional com alguém que considerava seu amigo e precisou depois romper essa relação? Que impacto isso teve sobre a amizade? Essa é uma situação que dificilmente tem um desfecho positivo. Um *coach* me contou que um amigo seu tinha sido por muitos anos o contador da sua empresa. Mas, a certa altura, achou melhor não tê-lo mais como contador. Para a sua surpresa, o outro lhe disse que não seria seu amigo se não fosse também o seu contador.

Infelizmente, é isso que costuma acontecer quando dois amigos trabalham juntos e então um deles ou os dois decidem acabar com a situação de trabalho. Mas há como aumentar a probabilidade da amizade sobreviver. Eis algumas sugestões:

- Se você precisa terminar a relação profissional com um amigo ou com alguém que se tornou amigo por causa do trabalho, fale por telefone ou pessoalmente. Evite que a pessoa receba a notícia por e-mail ou por carta, especialmente por uma carta formal, que seja mandada também para outras pessoas. Essa relação é única porque trata-se de uma relação de amizade e não apenas de trabalho. Essa situação precisa ser tratada com muito mais sensibilidade e mediante uma conexão pessoal.

- Enfatize que é muito importante para você que a amizade continue.
- Sem mentir nem exagerar, caso as circunstâncias fujam realmente ao seu controle, diga ao seu amigo que a decisão foi de outra pessoa ou, se foi sua, que nada tem a ver com a competência nem com a qualidade do trabalho dele.
- É muito importante também ser compreensivo se o amigo ficar magoado. Deixe que ele expresse a mágoa e a tristeza e não fique chocado com essa reação. Para uma pessoa muito sensível, é mais difícil aceitar a rejeição. Algumas tiram de letra, dizem que "negócio é negócio" e não deixam que isso tenha impacto sobre a amizade.
- Dê algum tempo para o amigo superar o que aconteceu e, logo que parecer confortável, encontre-o para tomar café, para jantar ou para ir ao cinema, restabelecendo essa nova fase da amizade, depois de trabalharem juntos.

Estratégia 38
Romances no Escritório

Um livro sobre relações no trabalho não estaria completo sem uma discussão sobre os prós e contras de um romance no escritório e sobre as maneiras de lidar com isso, seja você o envolvido ou só um observador de um romance florescendo (ou dando errado) entre colegas ou entre um chefe e um subordinado.

As considerações mais importantes sobre romance no escritório são:

- As pessoas envolvidas no romance estão no mesmo nível ou a situação envolve um supervisor e um subordinado?

- As duas pessoas envolvidas no romance são solteiras e disponíveis ou uma delas (ou as duas) está comprometida e tem filhos, sendo mais provável que essa relação seja só um caso?
- As duas pessoas começaram a trabalhar juntas já como um casal ou o romance surgiu depois?

Se as pessoas envolvidas no romance estiverem no mesmo nível, como é o caso de dois colegas de trabalho, o problema pode ser menor, especialmente quando o romance acaba, do que se uma das pessoas envolvidas tiver autoridade sobre a outra. Agora que se tem mais consciência sobre alegações de assédio sexual, quem sentir que está se envolvendo romanticamente com um subordinado deve considerar com cuidado as possíveis consequências de uma tal relação. Quando o desejo é recíproco, pode não haver muito problema. Mas se não houver reciprocidade, o funcionário que é cortejado pelo supervisor pode ver a situação como assédio sexual, desencadeando reprimendas ou coisa pior por parte do departamento de recursos humanos, mesmo que não haja queixas formais.

Mesmo que o romance incipiente seja entre iguais, como é o caso de dois colegas, é essencial que ambos pesem as possíveis consequências dessa mudança na relação, já que vão continuar colegas mesmo que a parte romântica da relação não dê certo. Ao longo dos anos, entre os gerentes que entrevistei sobre essa questão, há um consenso: desde que os funcionários estejam no mesmo nível, que a relação seja consensual e que a produtividade não diminua por causa do envolvimento, tudo bem. Mesmo assim, os envolvidos devem discutir o que fazer caso a relação acabe e o fato de trabalhar na mesma empresa se torne emocionalmente desgastante. Quem deve sair da empresa? Quem deve ficar? Como lidar com o possível ciúme dos outros colegas?

Há algumas "regras" básicas referentes ao romance no escritório, seja a relação entre iguais ou entre pessoas que tenham *status* diferente:

- Evite qualquer contato mais íntimo na frente de colegas, funcionários ou chefes.
- Evite usar apelidos ou tratamentos românticos, como "meu bem" ou "querido" na frente dos outros.
- Guardem para si mesmos os detalhes da relação entre vocês.
- Se houver uma política a respeito de romance no local de trabalho, descubra qual é. Se for necessário explicar as suas intenções na administração ou no departamento de recursos humanos, não deixe de fazê-lo.
- Se um contrato é exigido de executivos que tenham um romance no trabalho, descubra os detalhes. Antes de assiná-lo, pode ser melhor que o seu advogado o leia.

Se vocês já estiverem romanticamente envolvidos quando começarem a trabalhar juntos e se houver outros funcionários na empresa — se ela não for uma empresa familiar de duas pessoas — as mesmas "regras' se aplicam: não usar termos que deixem os outros pouco à vontade e não se tocarem de modo inadequado para um local de trabalho. Mas, no geral, quando os dois começam a trabalhar numa empresa já como um casal, o problema é menor do que se o romance começar depois.

Sim, o amor é uma emoção que pode ter muita força quando a química está presente e os instintos básicos assumem o controle. Quase todo mundo sabe disso. Mas quando uma relação profissional ainda não se tornou um romance, há como conduzir a situação para que a atração não leve inevitavelmente a um romance.

Em inglês, o termo *office spouse* é muito usado para descrever esse fenômeno: uma relação no trabalho que é pré-romântica mas que está indo nessa direção. Como é possível diminuir a crescente atração se uma ou ambas as partes preferem *não* se envolver romanticamente? Antes que um dos dois seja transferido ou tenha que sair do emprego, o que se pode fazer? Minimizar ou eliminar o tempo que passam sozinhos é um começo óbvio. Assim como é melhor que evitem viajar juntos a trabalho, mesmo que tenham quartos separados, ou trabalhar até tarde, quando estão só os dois no escritório. Outra armadilha a ser evitada, ainda que mais sutil, é fazer o "parceiro" de escritório de confidente para falar mal do marido, mulher ou parceiro romântico, que não está lá para se defender. Esse é o fenômeno "você e eu contra o mundo", quando os dois começam a achar que só eles entendem um ao outro.

Estratégia 39

Trabalhando com um Parente ou Parceiro Romântico

Esta estratégia é diferente da anterior, que se refere aos desafios de um romance no escritório. Esta diz respeito a problemas que podem surgir quando você trabalha com um membro da família ou com um parceiro romântico. Para alguns homens e mulheres, trabalhar para o pai, a mãe ou um irmão pode ser uma situação perfeita. Nesse caso, há muito mais estabilidade no emprego do que em muitas companhias, onde você pode ser despedido sem mais nem menos. É muito mais difícil despedir o filho ou a mulher. Além disso, você conhece muito melhor o patrão do que quando entra numa entrevista de emprego depois de ter lido rapidamente alguns poucos artigos na Internet sobre o presidente da companhia. Você conhece essa pessoa de verdade, já que nasceram na mesma família — ou se casaram.

Para alguns casais — casados, comprometidos, vivendo juntos ou apenas namorando — trabalhar juntos pode ser o melhor de dois mundos. Ganham a vida e ficam juntos durante o dia, não apenas à noite, quando é difícil ter um tempo para ficarem juntos, já que estão os dois cansados, mesmo que não tenham filhos ou mesmo um segundo emprego. Trabalhar juntos deixa a relação muito mais forte do que quando cada um mal sabe o que o outro faz durante o dia, a ponto de terem cada vez menos em comum.

Beverly Solomon é casada com Pablo Solomon, um artista cujas obras são vendidas internacionalmente. Nos últimos cinco anos, Beverly passou a administrar a carreira de Pablo. Trabalhar juntos funciona para esse casal. Beverly explica: "Sou administradora e musa em tempo integral para o meu marido Pablo Solomon, um artista reconhecido internacionalmente. Há uns cinco anos, começamos a trabalhar seriamente na carreira dele. No começo, a parte mais difícil foi definir os limites do trabalho. Ou seja, cada um teve que definir as suas responsabilidades e deixar o outro em paz para trabalhar. Sendo uma equipe marido/mulher, essa foi a questão mais delicada que tivemos que resolver. Mesmo vivendo e trabalhando juntos num lugar bonito, às vezes nós nos sentimos isolados."

Caroline, de 52 anos, dirige uma empresa de mídia que os seus pais fundaram. O pai morreu e a mãe, que não está bem de saúde, tentou passar as rédeas da empresa para Caroline mas, como vocês vão ver, a transferência de autoridade não foi completa. Caroline observa: "Quando teve um ataque cardíaco e quase morreu, minha mãe me fez presidente da companhia. Mas só no papel. Ela dirige a empresa, toma as decisões etc. Nega-se a discutir questões de sucessão. Ela me diz 'você vai descobrir' quando lhe pergunto como vou fazer quando ela 'fugir para Buffalo', como costuma dizer. Segundo ela, falar sobre o assunto fará com que isso aconteça mais cedo. (Sou existencialista e não acredito nisso.)"

O que Caroline pode fazer para melhorar a situação agora que a sua mãe está de volta? Uma possibilidade é oferecer à mãe funções específicas que a mantenham ocupada, ficando Caroline com a palavra final e com autoridade para tomar decisões. Por exemplo, a mãe pode ficar encarregada das reuniões com a mídia local e do contato com antigos clientes para ver se há como iniciar novos projetos e negócios com eles.

Se essa equipe de mãe e filha não tinha uma relação positiva fora do trabalho, talvez a mãe queira manter o controle da empresa para ter o que falar com Caroline. Caroline pode combinar um jantar semanal com a mãe e podem até mesmo ir ao cinema de vez em quando. Com isso, a mãe pode prescindir do trabalho como forma de ter um vínculo com a filha.

Se a mãe está solitária e quer voltar a dirigir o negócio para mitigar o tédio e a solidão, Caroline pode fazer com que ela se interesse por algum trabalho filantrópico alheio ao negócio, deixando de se concentrar apenas na empresa que Caroline quer dirigir a seu modo.

Se a mãe precisa de alguém para conversar e não tem uma assistente, Caroline pode convencê-la a contratar uma, de modo que possa ter mais alguém para conversar além dela.

Finalmente, se tudo o mais falhar e se tiver recursos, ela pode comprar uma segunda empresa para a mãe dirigir.

Estratégia 40

Aprenda a Lidar com Falta de Pagamento e Problemas de Dinheiro

"Alguém nos contratou, usou os nossos serviços e então exigiu reembolso", diz um empresário de 44 anos. Parece familiar? Quem já não ficou sem um pagamento que lhe era devido? Honorários que deixam de ser pagos, caso você trabalhe por conta própria. Um bônus que fica só na promessa. Às vezes o problema é realmente econômico — um mês ou dois depois do suposto calote, você descobre que a outra parte abriu falência e recebe um comunicado explicando o que deve fazer para receber o pagamento — só que a burocracia é tanta que você acha melhor esquecer o assunto.

Sejam $400, $4 mil ou $40 mil, o calote é uma dura realidade no mundo do trabalho, que infelizmente acontece com frequência. A experiência pode ser tão dura que há quem, como Michael Hughes, considere o "não pagamento de serviços" como a pior coisa que já lhe aconteceu. Diz ele: "Foi nos primeiros estágios do meu negócio. Era uma transação envolvendo duas pessoas que prometeram me incluir. Eu conhecia as duas partes. Agora percebo que os problemas eram evidentes, mas preferi ignorar porque precisava do dinheiro. Essa foi a única vez que deixaram de pagar pelos meus serviços. Havia algumas diferenças de personalidade que eram quase irreconciliáveis. Preferi me afastar (...) [essa foi] provavelmente uma das questões mais negativas com que me deparei numa relação de negócios."

O que fazer para evitar uma situação dessas? Obviamente isso se aplica mais a quem trabalha na base de projetos — fornecedores independentes, empresários ou *freelancers* — do que a quem tem salário fixo. Mas hoje em dia, especialmente no setor privado, nem mesmo um emprego tradicional de oito horas diárias é garantido. Eis algumas dicas para evitar um calote, especialmente quando isso envolve uma relação profissional:

- Procure trabalhar apenas com pessoas com quem tem uma forte conexão positiva.
- Apesar da conexão pessoal, deixe claro para quem lhe deve dinheiro que se trata de um negócio, que você fez o trabalho e merece ser pago.
- Se a outra parte ficar sem fundos para pagá-lo, faça um arranjo formal por escrito, concordando em receber, por exemplo, algumas centenas ou milhares de dólares por mês, dependendo da quantia devida, em vez de não receber nada.
- Mantenha o diálogo. Se possível, fique em contato para não perder a outra parte de vista, mesmo que mude de endereço ou de nome.

Capítulo 7

Melhore as Relações no Local de Trabalho ou nos Negócios

Estratégia 41

Crie um Local de Trabalho Funcional *versus* um Disfuncional

Todos nós já ouvimos falar de famílias disfuncionais. Mas e locais de trabalho disfuncionais? Se visse um deles, você o reconheceria na hora. Talvez já tenha tido a infelicidade de trabalhar num lugar assim. Este é apenas um exemplo, relatado por uma enfermeira prática que se tornou empresária: "Trabalhei numa casa de repouso por quase quatro anos e nunca tinha visto nada igual! A politicagem era inacreditável e todos se apunhalavam pelas costas! Aquelas pessoas, encarregadas de cuidar de outras pessoas, não toleravam ficar juntas numa sala. Ninguém se importava com ninguém e se houvesse um jeito de prejudicar um colega, elas descobriam. E os residentes também não estavam a salvo. Alguns enfermeiros e auxiliares falavam com os residentes como se a razão da sua vida fosse tornar a vida deles miserável. Uma das auxiliares teve a sua casa totalmente destruída por um incêndio. Você acredita que suas colegas procuraram as autoridades para dizer que ela tinha posto fogo na própria casa?"

Felizmente não é assim em todo lugar. Continua ela: "Nem todo lugar é assim, mas esse era pior do que qualquer coisa que já tinha visto. E ninguém admitia o problema."

Como é um local de trabalho funcional? São estas as condições positivas que você deve buscar numa situação de trabalho, especialmente se puder escolher entre várias oportunidades de emprego:

- Consistência entre o que é prometido e o que é feito. Os funcionários parecem felizes por estar trabalhando lá.
- Num escritório tradicional, a sua estação de trabalho, mesmo que seja uma cadeira num espaço compartilhado, é ergonomicamente confiável, evitando assim que você venha a ter problemas relacionados ao uso contínuo do computador.
- Em outros ambientes de trabalho, como um hospital, estúdio de televisão ou sala de aula, tudo é projetado para se adequar às exigências específicas do tipo de trabalho realizado ali.
- A fofoca é ignorada.
- Há uma clara divisão de trabalho ou cadeia de comando, de modo que você sabe quem é o responsável.
- Você tem uma ideia clara do que foi contratado para fazer e, caso essas responsabilidades e expectativas mudem, você é informado dessas mudanças.
- Você sabe quem vai avaliar o se desempenho e quando, e o que será levado em conta na avaliação.
- A atmosfera é positiva.
- Em geral, você gosta de ir para o trabalho e o tempo passa depressa.
- Há confiança no ambiente de trabalho (ou, se você trabalha por conta própria, entre você e o cliente), já que todos agem no interesse comum.
- Há um procedimento já estabelecido para se lidar com qualquer reclamação ou conflito que possa haver.

Por outro lado, esta é a descrição de um local de trabalho nocivo:

- Os funcionários tendem a concordar com o chefe quando lhe pedem algum *feedback*.

- Trabalhar até tarde nos fins de semana sem nenhuma compensação é comum.
- O favoritismo é evidente nas contratações e promoções.
- As inovações são desestimuladas.
- As expectativas não são realistas.
- As responsabilidades de cada um não são claras e integram várias funções.
- Há chefes demais, com exigências conflitantes.
- Você sente que está trabalhando só para esperar a aposentadoria, e ainda faltam cinco anos!
- Você está aborrecido.
- Você é requisitado para desempenhar funções além da sua capacidade, sem ter a oportunidade de receber o treinamento necessário.
- As promessas não são cumpridas pela administração.
- Você mal pode esperar pela sexta-feira e odeia ter que voltar a trabalhar na segunda.
- Esse emprego — e as pessoas com quem trabalha — faz com que você se sinta mal consigo mesmo.
- Há muitas reuniões, só pelo hábito de se fazer reuniões.
- Os colegas de trabalho falam uns dos outros pelas costas.
- As panelinhas são flagrantes.
- O departamento de recursos humanos é subordinado aos patrões, de modo que você não tem a quem recorrer se tiver alguma queixa contra eles.
- É comum ouvir uma linguagem racista ou sexista.
- Os seus colegas e chefes costumam fazer piadas étnicas.
- Os prazos não são realistas e mudam com frequência.
- Você pensa no trabalho constantemente, o que tem um impacto negativo sobre os seus níveis de sono e stress.

- Você não tem tempo para os seus filhos ou para o seu parceiro romântico durante a semana e muitas vezes trabalha nos fins de semana.
- Todos os dias você espera que alguém lhe diga que a empresa vai fechar.
- Em vez de serem inspirados por elogios e exemplos positivos, os funcionários são bombardeados por e-mails informando que não estão trabalhando o suficiente para que a empresa tenha sucesso.

Se você está preso a um emprego assim até que consiga outro ou até que o chefe da empresa mude e comece a agir de maneira mais positiva, lembre que você só tem poder para mudar o seu próprio comportamento e o seu próprio desempenho. Responda aos e-mails do chefe, mas só se quiser ser repreendido ou até mesmo demitido. Lembre-se de que a empresa pode estar passando por problemas financeiros que você desconhece, o que explicaria o clima negativo: por isso, despersonalize a negatividade o máximo possível. Se ela persistir, pode ser o caso de procurar outro emprego.

Se o ambiente de trabalho é positivo, mas a empresa está começando a ter problemas financeiros, ou se começaram a surgir problemas de difícil solução com o chefe, pode ser a hora de procurar outro emprego, no seu ritmo. Assim, poderá sair quando for melhor para você. Trabalhar num ambiente de trabalho positivo é muito melhor do que trabalhar num ambiente negativo mas, às vezes, isso não é suficiente para ficar no emprego ou na empresa.

Estratégia 42
Construa Confiança no Local de Trabalho

Estes são alguns sinais de desconfiança num local de trabalho:

- Com medo de que os funcionários se aproveitem de alguma situação, o empregador exige que todos fiquem em locais visíveis o tempo todo. Monitora quantas vezes cada funcionário faz uma pausa para ir ao banheiro, por mais legítimas que possam ser essas pausas.
- Um colega deixa de passar algum recado para outro, seja por preguiça ou por um desejo inconsciente de sabotagem.

A confiança é a chave da funcionalidade num local de trabalho. Em geral, nos locais de trabalho disfuncionais, a confiança nunca existiu ou acabou se desgastando.

Como construir confiança? Eis algumas maneiras de conquistar e manter a confiança:

- A informação deve ser trocada livremente. Os detalhes relativos a clientes e consumidores devem ser compartilhados entre funcionários e/ou consultores de modo que seja possível dar seguimento ao trabalho, mesmo que alguém esteja de férias ou deixe a empresa.
- Cumpra as suas promessas. Se você diz que vai fazer alguma coisa, faça.
- Seja consistente.
- Elimine o favoritismo. Os bônus e benefícios devem ser conquistados e não concedidos com base no favoritismo.
- Se você está incapacitado de fazer alguma coisa por causa de outras prioridades ou de problemas pessoais, informe aos outros que os prazos serão reajustados ou as tarefas redistribuídas.
- Descubra o que as pessoas pensam de você e das suas políticas. Cultive todos os níveis de relações, especialmente por meio de encontros em pessoa.
- Descubra se há mágoas passadas levadas ao local de trabalho que estejam envenenando o ambiente e impedindo que alguém se retrate e mude a sua maneira de agir.

Estratégia 43

Saiba Lidar com o Passado, com Outras Relações e com a Diferença de Valores

O Passado

As suas relações no local de trabalho ou negócios podem não estar indo muito bem por causa de erros passados. É claro que todo mundo comete erros e que seria bom se esses erros de julgamento fossem perdoados e ignorados. Mas você, ou alguém com quem trabalha, pode não começar com o pé direito em situações totalmente novas porque incidentes passados são trazidos à tona. Um gerente, por exemplo, cometeu um erro de julgamento quando tinha 19 anos e teve problemas com a bebida: atirou uma garrafa na mulher do patrão durante um evento. Logo todo mundo ficou sabendo do acontecido e as fofocas se transformaram em folclore, tanto que o incidente o tem assombrado há décadas, mesmo com os problemas de bebida já superados.

É claro que ninguém consegue desfazer o passado. Mas se você sente que há rumores prejudicando a sua atual reputação, procure fazer com que os outros falem sobre isso, de modo que você tenha a oportunidade de mostrar que esses velhos pontos de vista são obsoletos e contraproducentes diante do excelente trabalho que você é capaz de realizar hoje em dia.

Por outro lado, evite espalhar antigos rumores negativos sobre outra pessoa, especialmente se as suas experiências recentes com ela forem positivas e exemplares.

Outra maneira de o passado influenciar as relações profissionais é por meio de antigas situações vividas na família ou no trabalho por seus colegas ou pelo seu chefe. Antigas maneiras de interagir, positivas ou negativas, podem se repetir no presente: você, os seus colegas de trabalho ou o seu chefe terão que lidar com as consequências desses comportamentos. Se o seu chefe foi criado por pais autoritários e aprendeu a liderar pela força, você tem que lidar com esse traço de comportamento, por mais aborrecido que seja. Se você estava sempre cuidando dos seus irmãos mais novos e agora tende a ajudar os novatos que deveriam ajudá-lo, é bom analisar as raízes dessa forma de interagir, que pode ser prejudicial.

Outras Relações

Todos nós temos pessoas com quem nos preocupamos e, às vezes, temos um segundo ou um terceiro emprego, um esforço que fazemos por responsabilidade, senso de dever, necessidade ou até mesmo vaidade. Algumas empresas ou agências não permitem que seus funcionários tenham outro emprego ou façam bicos. Outras fazem vista grossa, contanto que continuem tendo o empenho e o tempo do funcionário. Mesmo que o funcionário tenha que cuidar de um pai idoso, de um parente doente ou de um filho dependente, o emprego tem que vir em primeiro lugar. Um empregador compreensivo tentará dar ao funcionário o máximo possível de tempo livre para atender a necessidades prementes, como no caso de um pai idoso que precisa ir ao médico ou ao hospital, não havendo mais ninguém para assumir essa responsabilidade. Mas quando essas outras relações exigem o seu tempo e a sua energia com muita frequência e por muito tempo, os seus colegas podem começar a perder a paciência, já que precisam cobri-lo ou fazer o seu trabalho enquanto você está ocupado — ou o chefe pode achar que a sua produtividade está prejudicada.

Não tente soluções furtivas, como encaixar a consulta do dentista entre o almoço e o compromisso seguinte ou se atrasar porque precisou levar o filho para a creche de novo, já que o seu parceiro romântico dormiu demais. Procure ser honesto com os colegas ou com o empregador a respeito do que está acontecendo na sua vida que lhe exige algum tempo aqui e ali. Ou telefone para que todo mundo saiba que você está atrasado ou que precisa fazer alguma coisa antes, durante ou depois do trabalho (se precisar sair mais cedo algumas vezes). Ofereça-se para trabalhar em casa ou para fazer horas extras à noite ou nos fins de semana para compensar o tempo perdido, em vez de ficar torcendo para "não ser pego".

Relações Unilaterais e como Reverter as Coisas

Você precisa saber quem está do seu lado, quem está disposto a sabotá-lo e quem está no meio-termo — incluindo os que não se importam com você. Quando uma relação unilateral ou uma não relação envolve alguém de quem você precisa do seu lado, é preciso reverter a situação.

- Fingir que essa pessoa gosta de você ou o respeita não substitui a realidade. Enfrente a situação e procure revertê-la.
- Procure se lembrar de quando interagiu com essa pessoa pela primeira vez. Como foi? Se a situação foi positiva, em que ponto a coisa mudou? Dá para apontar uma data exata? Se der, qual foi a causa?
- Se aconteceu alguma coisa de que você pode se desculpar, considere se esse é um bom passo, por razões legais ou outras. Se for a atitude correta, procure pedir desculpas. Veja se isso ajuda a reverter as coisas.
- Envie uma mensagem, um cartão ou uma lembrancinha se os seus sentimentos são sinceros e veja se esse gesto positivo ajuda a reverter as coisas.
- Se não for possível reverter a relação, a despeito de qualquer estratégia que use, veja se consegue delegar a interação para alguém com quem essa pessoa se relaciona melhor.

Distância Física

Há muitas maneiras de ficar conectado às pessoas e até mesmo ao escritório central se você precisar trabalhar a distância. Não deixe de se comunicar *on-line*, pelo telefone ou ao vivo para alimentar as relações apesar da distância física. Vá a conferências para encontrar os outros ou combine audioconferências para que as relações não se limitem a e-mails.

Disparidade de Valores

É raro que alguém trabalhe só com pessoas com os mesmos valores a respeito de tudo. Na vida pessoal, você pode escolher com quem vai conviver, enquanto no trabalho e nos negócios você pode ter que se relacionar com pessoas cujos valores sejam contrários aos seus. A disparidade de valor pode ser causada por diferenças culturais e psicológicas ou, mesmo que estas não existam, por outras influências sociais. Estas perguntas vão ajudá-lo a perceber se é possível superar a disparidade de valores ou se ela é fundamental demais para ser relevada:

- A disparidade de valores é só uma questão de gosto e opinião ou é tão fundamental que você se sente moralmente repelido por essa pessoa?
- Você continuaria a conviver com um membro da família que adotasse ou demonstrasse esse valor divergente?
- Será que você tem valores que outros consideram repugnantes, embora ignorem essas disparidades?

Dependendo da disparidade de valor, você terá que decidir se consegue trabalhar junto com a pessoa ou se precisa ser transferido para outro departamento, procurar outro emprego ou se recusar a trabalhar num determinado projeto.

Estratégia 44

Resolva Questões Culturais e Internacionais

Nesta seção, a minha meta é torná-lo mais consciente das diferenças culturais que todos nós temos que levar em conta para que as disparidades culturais ou internacionais não enfraqueçam as nossas relações no trabalho. Seja por telefone, por e-mail ou ao vivo, alguém que está em Chicago, Illinois, não deve perder o contato com um parceiro de negócios que vive em Mumbai, na Índia.

Cultura inclui língua, vestimenta, artefatos, valores, etiqueta e até mesmo o que é confortável quando se trata de espaço pessoal. Há quase 200 países no mundo e vários bilhões de pessoas. Em vez de tentar realizar a tarefa impossível de compreender todas as possíveis diferenças nas várias culturas ao redor do mundo, concentre-se no que é mais administrável: qual a cultura de origem das pessoas com quem você trabalha? Não deixe de lhes perguntar sobre a sua cultura, explorando o que é semelhante e o que é diferente. Se viajar a negócios, ou mesmo se mandar um e-mail para alguém em outro país, procure descobrir como essas pessoas veem o mundo, de modo a melhorar a maneira de trabalharem juntos.

Questões do E-Mail

A menos que veja a fotografia da pessoa, não pressuponha só com base no nome o sexo de alguém com quem está se correspondendo via e-mail. Em caso de dúvida, em vez de usar Sr. ou Sra., o que pode ofender caso você erre o sexo da pessoa, use o nome completo sem Sr. ou Sra., para evitar a ofensa. Por exemplo, use "Chris Smith" em vez Sr. ou Sra. Smith, já que "Chris" pode ser uma abreviatura de Christina (mulher) ou Christopher (homem).

Nessa cultura, qual é o grau de informalidade permitido num e-mail? Procure saber o que a cultura em questão considera apropriado num e-mail, especialmente quando há restrições para o tipo de comunicação entre homens e mulheres. Não se ofenda se alguém tiver um estilo diferente na comunicação por e-mail devido a diferenças internacionais ou de personalidade. Assim como há pessoas que preferem o telefone ao e-mail, há quem escreva longos e-mails informais e os que gostam de mensagens curtas e concentradas nos negócios.

Ao enviar um e-mail, preste atenção às diferenças de fuso horário. Se você costuma acordar às 4 da manhã para escrever e-mails e nos seus e-mails consta o horário do envio, alguém em outra zona horária, para quem já é meio-dia ou 9 da noite, pode considerar o seu hábito de trabalhar de madrugada meio estranho ou achar que você é um *workaholic*. Se isso o incomoda, considere usar um *softer* que lhe permita programar o horário do envio para mais tarde.

Telefonemas

Se você quer fortalecer suas relações internacionais, deixe de depender tanto de e-mails e pegue o telefone! Se tem medo do custo de um telefonema internacional, há muitas opções a serem exploradas. Você pode assinar a skype.com, que lhe permite falar com o mundo todo de graça pela Internet, contanto que as duas partes tenham o serviço. Pode comprar um cartão telefônico pré-pago para não ficar com medo de receber uma conta telefônica enorme. Outra opção é contratar um plano com um determinado número de créditos mensais para telefonemas internacionais que lhe permita falar sem limites com certas partes do mundo.

Mas se for telefonar para outro país, não esqueça que as barreiras de língua e dialeto podem dificultar a comunicação. Nesse caso, especialmente num telefonema não planejado, abrevie a conversa e diga que vai providenciar um intérprete da próxima vez para facilitar a conversa. Se achar que isso é impraticável ou que vai causar ainda mais problemas, especialmente se o telefonema envolver informações que não podem ser compartilhadas com uma terceira pessoa, talvez seja melhor voltar aos e-mails.

Ao telefonar para alguém que tem o escritório em casa, não telefone às duas da manhã para acordar todo mundo.

Estas são algumas considerações em telefonemas internacionais:

- Ao dar o telefonema, leve em conta a zona horária do outro país: que dia é lá e qual a diferença de horário. (Há um *website* grátis para essa informação: www.timeanddate.com).
- Saiba se está telefonando para a pessoa no escritório, em casa, no celular ou numa caixa postal.
- Fique atento às dificuldades de linguagem que possam prejudicar a comunicação, mesmo que falem a mesma língua. O ritmo pode ser diferente, assim como o sotaque. Fale devagar e com clareza e, se necessário, peça à outra pessoa para falar mais devagar ou para repetir o que está dizendo, caso tenha dificuldade para entender.
- Se você pretende falar mais do que alguns minutos, é mais educado combinar o horário com antecedência para não pegar a outra pessoa desprevenida.
- Uma videoconferência é uma boa opção para comunicações internacionais. Mas certifique-se de que essa opção é aceitável para a pessoa ou grupo com quem pretende falar.

Visitas Internacionais

Nada é mais lisonjeiro para um parceiro de trabalho sediado em outro país do que você gastar tempo e dinheiro para viajar e conhecer o seu escritório ou a sua empresa. Uma viagem assim, por mais longa e cara que seja, ajuda a criar vínculos que durarão anos ou décadas. (É claro que, se não correr bem, pode aprofundar as diferenças e tornar ainda mais difícil reverter a situação, já que a viagem consumiu tempo e dinheiro.)

Mas você pode facilitar as coisas procurando ver a situação do ponto de vista da pessoa que está visitando. Por exemplo, a sua viagem é conveniente para todos ou só para os seus negócios? Se você aparecer na Itália ou na França em agosto, não fique ofendido se as pessoas estiverem de férias e se recusarem a recebê-lo. Na Itália, na França e em outros países da Europa, onde as férias de quatro semanas ou mais são obrigatórias para todos, mesmo para os novatos que acabaram de sair da faculdade, esse período é sagrado — a menos que haja uma crise de proporções monumentais.

Internacionalmente, os feriados e as férias são levados muito a sério e qualquer visita de trabalho nessas ocasiões, a menos que você seja um amigo próximo, terá o efeito contrário.

Não tenha altas expectativas, mesmo que tenha viajado meio mundo para encontrar os seus contatos. A situação pode ser muito mais importante para você, que fez a viagem, do que para quem você está visitando, que mora ali e para quem aquele país e aquela situação de trabalho são corriqueiros.

Vestimenta

Foi há muito tempo, admito, e não sei se seria diferente na Índia de hoje mas, logo que cheguei pela primeira vez em Nova Délhi, fui de garupa na moto do meu tradutor até a zona rural para fazer algumas entrevistas — mas os homens começaram a me atirar pedras porque eu estava de minissaia. Não era permitido mostrar as pernas na Índia naquele tempo. Reconheci o meu erro e passei a usar um sári. Além disso, não andei mais sozinha nas cidades e vilarejos. Assim, o resto da minha estadia foi sem incidentes semelhantes.

Nessa ocasião, deixei de me inteirar do que seria apropriado vestir durante a minha viagem de um mês. Passei meses pesquisando possíveis entrevistados e os melhores itinerários, mas não considerei o que deveria vestir. Essa foi uma lição que me acompanhou todas as vezes que viajei a trabalho desde então.

Nos Estados Unidos, alguns escritórios se tornaram mais casuais, o que vale para todos os dias da semana e não apenas para as sextas-feiras, como costumava ser no ambiente mais formal dos anos 1980. Joyce Gioia, do Herman Group, que vai com frequência a Cingapura para fazer seminários, disse que usar jeans para trabalhar ainda é um luxo em algumas partes do mundo: "Estive em Cingapura há alguns meses e sei que arrecadam dinheiro para caridade — US$ 5 por pessoa — para que possam usar jeans. Para eles, é um luxo."

É claro que há alguns escritórios nos Estados Unidos onde nem homens e nem mulheres podem usar jeans. No entanto, em outros locais de trabalho, especialmente de áreas mais artísticas, é normal que um CEO use jeans e camiseta. Ao viajar para o exterior, é bom descobrir o tipo de roupa mais apropriado para as suas reuniões de trabalho. É bom considerar também as diferenças de clima: junho na Austrália é considerado inverno, de modo que é melhor usar um casaco de lã numa reunião de negócios do que calças brancas de algodão.

Linguagem e Gestos

Ao fazer uma viagem internacional, não pense que todo mundo vai falar inglês, especialmente fora das grandes cidades. Nos países em que se fala inglês, há também problemas de sotaque e ritmo que dificultam a compreensão, mesmo sendo a mesma língua.

Chanden Tolaney é um homem de negócios de Nova York que cresceu na Índia e foi para os Estados Unidos aos 21 anos para fazer faculdade na Flórida. A sua empresa, culturalelements.com, vende artigos de decoração para casa e escritório inspirados em diferentes culturas. Chanden observa que há 28 estados na Índia e que cada estado tem o próprio dialeto. Diz ele: "Dentro da Índia, cada estado tem a própria sublinguagem, o próprio estilo de se alimentar e a própria interpretação da religião. A diversidade é grande e o sotaque das pessoas varia muito, dependendo do lugar de onde vêm." A Índia tem dialetos distintos, que diferem especialmente entre a Índia do Norte (Nova Délhi) e do Sul (Hyderabad), assim como nos Estados Unidos há diferenças acentuadas no sotaque de quem é do Sul (Georgia), do Norte (Brooklyn, Nova York) ou do Oeste (Texas). No entanto, costumamos generalizar quando tentamos entender alguém que vive na Índia ou que se mudou da Índia para os Estados Unidos.

É claro que é lisonjeiro aprender algumas expressões quando você visita uma área em que não se fala inglês. As empresas norte-americanas que levam executivos ou outros funcionários para viver em outro país costumam lhes ensinar a língua antes da viagem ou logo que chegam ao país. Embora intensos, esses cursos ensinam o básico. Nem todo mundo tem tempo ou capacidade para dominar mais uma ou duas línguas. Às vezes, basta aprender apenas algumas palavras, como "Por favor", "Obrigado", "Meu nome é ____", "Qual é o seu nome?" "Alô", "Até logo". Isso você consegue, mesmo que precise ter à mão um tradutor eletrônico ou comprar um dicionário. Outra opção é buscar essas palavras na Internet e usar os serviços gratuitos de tradução.

Mark Jackson, um homem de negócios do Alabama, que fundou um serviço de audioconferência, comentou como é importante estar atento aos diferentes hábitos gestuais numa reunião internacional. Falou de uma ocasião em que esteve no Brasil para uma reunião de negócios. Diz ele: "Ninguém me contou que não se pode fazer o sinal de OK. Fazer esse gesto é como erguer o dedo do meio nos Estados Unidos. Acabei aprendendo do pior jeito. O intérprete me chutou e disse: 'Isso não significa aqui o que significa lá.' Não é nada bom fazer esse gesto para alguém que pergunta: 'Tudo bem se a minha empresa atrasar mais umas três semanas?'"

No Reino Unido, Jackson aprendeu que você não deve deixar o celular em cima da mesa numa reunião ou almoço de negócios. Isso é considerado insultuoso porque você deve mostrar à outra pessoa que ela tem a sua total atenção. Diz Jackson: "Pôr o celular em cima da mesa diz ao outro que você está esperando que alguém melhor lhe telefone."

Atitude com Relação ao Tempo

Fiquei no aeroporto de Fiji por seis horas quando voltava da Nova Zelândia para os Estados Unidos. Perguntei a alguém qual era a atitude diante de um atraso assim em Fiji e a resposta foi: "O tempo em Fiji não é tempo. Não dá para ficar com pressa em Fiji."

A percepção do tempo e o ritmo em que as coisas devem acontecer nas relações profissionais são um fenômeno cultural. Esse truísmo foi reforçado por Sanjay Burman, um editor de livros motivacionais do Canadá que foi para a Índia no verão de 2008 pretendendo fazer um acordo para levar alguns autores para a América do Norte. Berman explica: "O acordo não deu certo porque eu ficava querendo trabalhar o dia inteiro para resolver logo a questão. Na cultura indiana, assim como na europeia, não se faz reunião antes das 13 horas. 'Já vou trazer os documentos' significa em dois, três dias. Fiquei irritado e não concluímos o acordo."

Burman se arrependeu da maneira como agiu porque ficou sem o acordo. "É uma dessas coisas — eles trabalham para viver e nós vivemos para trabalhar", diz ele.

Mas levou a sério essa questão, acrescentando: "Se você consegue adotar essa mentalidade, vai realizar muito mais e levar uma vida mais feliz."

Diferentes culturas têm diferentes visões do que é se atrasar. Nos Estados Unidos, não chegar exatamente na hora é considerado grosseria. Já na Colômbia, na América Latina, um atraso de 15 minutos é aceitável. Mas não pense que pessoas de origem latina que vivem nos Estados Unidos compartilham essa visão latino-americana do tempo: para quem trabalha nos Estados Unidos, independentemente da origem latina, uma entrevista por telefone marcada para o meio-dia significa exatamente isso: ao meio-dia em ponto.

E quanto tempo cada cultura permite que você leve para redigir um contrato, fazer um acordo, assinar documentos ou fazer um pagamento? Como já vimos, na Índia você pode levar bastante tempo. Em alguns países que ainda não usam a tecnologia como nos Estados Unidos, na Europa Ocidental, no Japão, na Austrália e no Canadá, tudo demora mais porque muita coisa ainda é feita à mão. Mas há ainda o elemento humano: uma empresa pode ter o computador mais atualizado, mas isso não significa que o funcionário encarregado de imprimir o documento e enviá-lo no dia seguinte vai ser eficiente ao fazê-lo.

Outras Considerações Culturais no Local de Trabalho

Outras questões para se ter em mente: em outras culturas, as relações no trabalho são mantidas a distância ou há uma tendência a se trabalhar com amigos? Isso varia conforme o país e a cultura e há também diferenças individuais. Mas em algumas culturas, como no Japão, a relação vem antes do negócio.

A socialização depois do trabalho acontece no bar ou restaurante mais próximo ou o costume é convidar colegas e clientes para um jantar em casa?

Observei que as pessoas parecem evitar cada vez mais misturar diversão e negócios com o ambiente doméstico, de modo que jantar num restaurante é muito mais ao gosto de todos do que um jantar de negócios oferecido em casa ou das festas de fim de ano na casa do patrão. Talvez isso esteja ligado à mentalidade pós 11 de setembro: um toque de paranoia subjacente a muitas situações faz com que as pessoas se sintam pessoalmente vulneráveis ao compartilhar mais sobre si mesmas. Como um encontro num restaurante ou num bar ocorre num território neutro, ninguém corre o risco de ser julgado com base nas circunstâncias do seu ambiente doméstico ou de trabalho.

Férias e Festas

Se você faz negócios em outros países, deve levar em conta os períodos de férias e feriados não apenas quando viaja ou telefona, mas ao aguardar a resposta a um e-mail ou o recebimento dos documentos necessários para você terminar um relatório.

Se possível, instale um *AutoResponder* que informará às pessoas que lhe enviarem e-mails que você está de férias e indisponível. Seja o mais específico possível sobre a duração das férias e sobre a sua volta ao trabalho. Este é um exemplo de um *AutoResponder* de uma empresa sediada em Seul, Coreia: "É feriado nacional (Ano-Novo Lunar) do dia 24 ao dia 27 de janeiro. Estaremos de volta no dia 28. Saudações."

Capítulo 8

Como Lidar com Pessoas ou Emoções Difíceis

Antigamente, se você não se dava com alguém no trabalho, se essa pessoa estivesse tornando a sua vida miserável, bastava procurar outro emprego. Hoje em dia, com o aperto na oferta de empregos, ou para quem já está perto da aposentadoria e precisa manter o emprego para conseguir o máximo de benefícios, essa opção não existe. Neste capítulo, você aprenderá estratégias para lidar com pessoas difíceis e emoções perturbadoras ligadas a relações no trabalho, de modo a conseguir manter o emprego ou sair quando for melhor para você.

Estratégia 45

Saiba Lidar com a Negatividade do Chefe ou de um Colega

Linda adorava o seu emprego como chefe de um centro comunitário até que precisou supervisionar alguém insatisfeito com o cargo e o salário. Essa pessoa fez acusações contra Linda, incluindo uma de agressão física, e seguiu-se uma batalha legal de quatro anos, incluindo uma investigação por parte da EEOC (U.S. Equal Employment Opportunity Commission). A poucos anos da aposentadoria, Linda perderia seus benefícios se largasse o emprego e não havia outro cargo na agência que ela pudesse ocupar. Diz Linda: "Nesse período, fiquei com pressão alta, diabetes, angina e dores no maxilar, problemas que exigiram tratamento médico."

Depois de muita angústia e tormento mental, a EEOC determinou finalmente que o funcionário de Linda "não tinha base para a queixa" mas, a essa altura, a provação já tinha prejudicado a reputação de Linda, para não mencionar a sua saúde. O que Linda aprendeu de útil com essa experiência, que ajude outras pessoas a evitar situações semelhantes? Aprendeu a ter muito mais cuidado no trato com os funcionários, especialmente se suspeitasse de algum problema emocional. Aprendeu a documentar tudo o que dizia e fazia no local de trabalho. Assim, no caso de alguma acusação do tipo "ela disse que ele disse", teria alguma coisa por escrito para mostrar. Aprendeu também que é melhor procurar de imediato o supervisor, externando a preocupação por qualquer acusação infundada. No caso que tanto a abalou, o supervisor teria ouvido a história da boca dela, sem ser pego de surpresa quando o funcionário tomou a iniciativa de acusá-la.

O Que Faz com Que Alguém se Torne uma Pessoa Difícil?

Você por certo já conheceu uma pessoa irritante. Pode ter sido o garoto detestável que sempre causava problemas na escola ou a colega de trabalho que inferniza a sua vida usando um perfume forte demais, embora já tenha lhe dito umas cinco vezes que é alérgico.

Por que essas pessoas são difíceis? Às vezes a situação é temporária. Um membro da família está doente ou morreu e a pessoa reage tentando deixar todo mundo à sua volta tão infeliz quanto ela está. Em geral, essas pessoas têm uma personalidade difícil desde a infância. Achando que todos os outros eram elogiados por suas conquistas, essas pessoas, sentindo-se incapazes de se destacar, descobriram uma forma de chamar a atenção, ainda que negativa. Com o tempo, isso se transformou em padrão e, para elas, passou a ser normal se destacar pelo comportamento desagradável, seja em casa ou no trabalho.

Devido a questões emocionais, há também pessoas que precisam discutir com todo mundo, no trabalho ou em casa, para recriar as relações negativas e os confrontos que tinham nos seus anos de formação, com os pais ou irmãos. Sem terapia ou algum acontecimento que reverta esse traço de personalidade, essa pessoa continuará sendo difícil — e você terá que lidar com isso no seu trabalho.

A menos que a sua segurança e a sua sanidade sejam ameaçadas — veja as seções sobre *bullying* no trabalho ou violência no local de trabalho — você poderá usar estas sugestões para lidar com essa pessoa no trabalho.

- Procure ignorar o comportamento dessa pessoa em vez de reagir a cada coisinha, gerando conflitos constantes.
- Use a gentileza para conquistá-la. Elogie o trabalho dela para aumentar a sua autoestima, de modo que não precise de tanta atenção negativa.
- Se o comportamento for totalmente gratuito e detestável, deixe claro que não vai tolerar nada que seja ofensivo. Defenda a sua posição. Foi isso que Jessica, de 31 anos, fez quando era gerente de projetos. Diz ela: "Eu tinha uma reunião com uma funcionária da minha divisão para tratar de um projeto que estava quase no fim. Essa pessoa procurou me intimidar e foi muito agressiva em sua abordagem a alguns problemas do projeto. Quando eu disse que gostaria de resolver esses problemas o mais cedo possível já que iria me afastar por algum tempo, ela disse: 'O escritório não para quando você sai de licença.' Olhei para ela com incredulidade, balancei a cabeça e disse: 'Você é inacreditável.' 'O que você disse?' 'Você é inacreditável', repeti."
- Se o comportamento negativo persistir, deixe claro para o seu colega (ou funcionário) que você será forçado a procurar o chefe ou o departamento de recursos humanos para relatar o que está acontecendo. Talvez isso faça com que a pessoa amenize o comportamento irritante.

- Se isso não funcionar, procure o departamento de recursos humanos e peça ajuda. Peça que alguém intervenha a seu favor.

Saiba Lidar com um Chefe Durão

Qual é a imagem do chefe na cultura popular? Lembre-se de Meryl Streep na versão cinematográfica de 2006 de *O Diabo Veste Prada*, com Anne Hathaway interpretando a sua jovem assistente aterrorizada. Ou do clichê do patrão arrogante em *Como Eliminar seu Chefe*, filme dos anos 1980 com Jane Fonda, Lilly Tomlin e Dolly Parton, que teve uma nova versão em 2009. Na cultura popular é bem mais difícil encontrar um exemplo de um chefe forte mas bondoso.

É muito mais difícil conviver com uma pessoa difícil quando essa pessoa é o seu chefe ou o chefe do seu chefe, que é quem faz os seus pagamentos. Eis algumas sugestões:

- Se o seu chefe trata todo mundo mal, despersonalize o tratamento. Como o problema não é com você, não exagere na reação.
- Se preferir procurar o RH ou alguém acima do seu chefe para se queixar, comece a documentar comentários e ações para ter o respaldo de algo concreto e não só de opiniões vagas como: "Meu chefe diz coisas desagradáveis e cruéis" ou "Meu chefe me faz exigências despropositadas".
- Você precisa aguentar? Depende de quanto é extremo o comportamento da pessoa em questão. E o chefe que é simplesmente mandão? Quanto disso se deve ao desconforto que essa pessoa sente por estar no comando ou à noção internalizada de que um chefe tem que ser mandão para ser respeitado e visto como uma figura de autoridade? E se ela associa gentileza e cortesia com fraqueza, temendo que se aproveitem dela?
- Às vezes, a única maneira de lidar com um chefe difícil é sair do emprego. Quando isso é possível, pode ter um resultado muito

positivo. Como diz Judith Kolva, Ph.D., uma professora universitária da Flórida, sobre o seu ex-chefe: "O meu chefe tentava me controlar o tempo todo, o que não funciona comigo. Então, fui embora." Para Judith, no entanto, isso levou a uma mudança muito positiva na carreira. Continua ela: "No longo prazo, isso gerou situações que me levaram ao doutorado, o que é uma das melhores coisas que já me aconteceu."

Para Reverter Relações Negativas

Uma coisa é lidar com chefes, colegas de trabalho ou funcionários negativos. Outra bem diferente é reverter essas relações, tornando-as positivas e até mesmo amigáveis. Sim, é mais fácil falar do que fazer quando a questão não é apenas se relacionar com a pessoa tóxica, mas transformá-la — seja ela o chefe, um colega de trabalho ou um funcionário — numa relação positiva, sólida e forte. Esta é a boa notícia: reuni situações em que isso, ou algo muito semelhante, aconteceu de verdade. Quais são as estratégias que podem funcionar? Primeiro, por mais difícil que seja, use a gentileza para conquistar a sua nêmesis. Sugeri a uma pessoa, cujo chefe lhe infernizava a vida, que descobrisse o que o chefe gostava de fazer. Ela descobriu que ele e a mulher eram fãs de ópera. Recomendei a essa funcionária que comprasse quatro entradas para que ela e o marido levassem o chefe com a mulher à ópera.

Ela seguiu a minha sugestão e o resto é história, como se costuma dizer. Até o chefe se aposentar, muitos anos depois, essa relação mais positiva ajudou essa pessoa não apenas a brilhar no trabalho, mas a se sentir mais confortável no escritório ou em campo.

Se a ópera não é exatamente a preferência dessa pessoa nociva, que tal convidá-la para jantar, almoçar ou tomar café da manhã? O convite pode incluir só vocês dois ou, se for mais conveniente, poderão ir acompanhados. O vínculo será ainda maior se você explicar por que acha que vocês quatro gostarão da companhia uns dos outros: podem ter ido à mesma escola ou crescido em cidades parecidas, podem trabalhar na mesma área ou gostar dos mesmos esportes ou atividades culturais. O pior que pode acontecer é a pessoa dizer "não", dizer "sim" mas cancelar no último minuto ou o encontro resultar num desastre. Mas, se você conseguir compartilhar uma refeição com essa pessoa, sejam só vocês dois ou não, é provável que tenha uma surpresa muito agradável quanto ao impacto positivo sobre a relação. Em geral, a pessoa nociva precisa muito de atenção e de vínculos sólidos, mas o medo do abandono e a insegurança profunda fazem com que ela afaste as pessoas quando o que realmente quer é aproximá-las. Se você entender essa dinâmica psicológica e fizer o oposto, tentando chegar perto em vez de fugir, poderá romper o controle que essa pessoa exerce sobre você, já que é provável que se tornem amigos e não apenas colegas que se respeitam.

Segundo, resista a simplesmente "aceitar" quando o seu chefe, colega de trabalho ou funcionário despeja o seu veneno. Quase todo mundo "treme nas bases" quando essa pessoa mostra as garras. Mas ela tem mais respeito por quem a enfrenta do que por quem simplesmente aceita tudo por medo do que pode acontecer se falar ou escrever o que pensa. Seja pessoalmente, por telefone ou e-mail, faça com que essa pessoa saiba que você não será vitimado. (Mas tenha cuidado, releia qualquer e-mail antes de enviar e escolha sabiamente as palavras em qualquer troca verbal, de modo que a sua coragem — muito justificada — não seja usada contra você informalmente no local de trabalho ou, o que é ainda pior, num tribunal.)

Terceiro, dê o máximo de atenção a essa pessoa, ou seja, lembre-se do aniversário dela, dê a ela o mais generoso presente de fim de ano, desde que não viole regras éticas a esse respeito, diga que ela é extraordinária pelo menos uma vez ao dia, e verá que ela começará a trazê-lo para o seu círculo mais próximo. É claro que os elogios têm que vir do coração mas, se a negatividade da pessoa soterrou os seus sentimentos positivos, obrigue-se a trazê-los de volta à superfície. Isso o ajudará a ter uma boa relação com essa pessoa, já que você está lhe dando o que ela realmente precisa: atenção, aprovação e amor.

Quarto, no caso de uma pessoa tóxica para quem o dinheiro é tudo na vida e a medida do sucesso, ganhe muito dinheiro para ela. No entanto, por mais dinheiro que tenha, essa pessoa tende a sempre precisar de mais. Uma pessoa assim tende a ficar de olho em cada centavo: seja ela o dono de um pequeno negócio, um milionário com várias empresas ou o chefe de uma grande corporação, com um salário altíssimo mas ainda assim responsável pela prosperidade do esquema todo. Se você é vendedor de seguros, traga uma conta que renderá centenas de milhares de dólares para a empresa e leve o seu chefe vampiro para almoçar e celebrar. Se você levanta fundos para um hospital, consiga os maiores doadores e leve o seu sucesso ao conhecimento dessa pessoa tóxica que está infernizando a sua vida. Ela poderá alardear o seu sucesso financeiro, o que ajudará a melhorar a própria imagem e também a relação entre vocês: mostrando que valoriza o que ela valoriza — o dinheiro —, você mostra que a valoriza também. Conseguir para a pessoa o que ela precisa ou deseja é outra maneira de transformar essa relação negativa ou não existente numa relação positiva.

É claro que você pode seguir todas essas quatro sugestões e a pessoa continuar insuportável: nesse caso, faça o possível para se relacionar com ela até arrumar outro emprego e pedir demissão. Mas, mesmo que não consiga conquistá-la com essas estratégias, saberá que pelo menos tentou reverter a situação e até ser seu amigo, em vez de logo jogar a toalha diante dessa difícil relação no trabalho. Ao experimentar as táticas acima, fique atento também à possibilidade de essa pessoa tóxica — que tem em geral profundos problemas de intimidade, competitividade e ciúme, assim como conflitos de aproximação-evitação diante do sucesso — despedi-lo antes que você esteja preparado para dar o próximo passo. Por isso, siga com cuidado as sugestões acima porque tentar transformar agressivamente uma relação negativa em positiva pode ser um tiro que sai pela culatra.

Talvez você descubra que o mais sensato é descobrir o que motiva essa pessoa, por que ela é assim, e simplesmente tolerá-la até conseguir um outro trabalho, que lhe garanta o salário numa atmosfera mais positiva. (No exemplo de Brenda, que discutimos no começo do livro, ela fez exatamente isso, descobrindo uma forma de ser mais esperta do que o vampiro com quem teve de lidar por tantos anos.)

Estratégia 46

Dê Conta da Inveja e a da Competitividade

Um toque de inveja e competitividade no trabalho não é necessariamente negativo e contraproducente. Para lidar com a inveja, transforme-a num motivador deixando de considerá-la um sentimento negativo. Encare-a como um sentimento positivo que o motiva a conseguir aquilo de que tem inveja, seja um bônus, uma promoção ou mais prestígio.

Mas quando sai do controle, a inveja pode se transformar numa emoção que cega. Às vezes, esse sentimento pode estar por trás da sabotagem aos colegas de trabalho — como sonegar um recado telefônico que possa gerar um bom negócio — ou, o que é pior, da violência física.

Em caso de inveja e competitividade, o primeiro passo é reconhecer que você está com inveja (ou que alguém tem inveja de você). O que pode estar acontecendo? Será que você anda alardeando demais as próprias conquistas? Será que anda ostentando algum prêmio que recebeu ou até mesmo se vestindo de maneira muito chamativa, de modo a atrair atenção demais?

Se não está provocando inveja e competitividade nos colegas ou no chefe, procure compreender de onde vêm esses sentimentos e quais são as suas causas. Isso pode não diminuir a dor provocada por esse comportamento, mas pelo menos você verá que ele tem muito mais a ver com as limitações das pessoas do que com você.

Estratégia 47

Enfrente o *Bully* no Local de Trabalho

Quem já não encontrou pelo menos um *bully* num local de trabalho? "Bob era um *bully* do local de trabalho, assim como Valerie, embora ela nunca tenha me feito nada. Mas fez com outras pessoas", diz Mark, um executivo de sucesso. Ele continua: "Mas Sam vivia gritando. Acabou tendo que fazer um curso de administração da raiva."

Por que ninguém gosta de ter um *bully* no local de trabalho? Mark continua: "Eles deixam todo mundo desconfortável. Aterrorizam as pessoas. Aterrorizam o local de trabalho. Causam medo. Sam perdia a calma e assustava as pessoas. Todo mundo tinha medo de entrar na sala dele para conversar porque ele podia explodir. Isso não era bom, já que as pessoas tendiam a esconder dele as más notícias. Valerie nunca estava satisfeita e fazia as pessoas trabalharem até tarde da noite. Vivia mudando de ideia e deixava todo mundo louco. Ninguém queria trabalhar com ela."

Você pode achar que os *bullies* são chutados das corporações. "Mas", diz Mark, "Valerie ainda está lá. Os *bullies* tendem a ser promovidos. Quem está no comando gosta de tê-los por perto porque dá boa impressão. Eles os usam como capangas, deixando que façam o trabalho sujo. Assim, as pessoas dirigem a raiva para eles e o chefe pode fazer papel de bonzinho."

Quais são as estratégias para lidar com *bullies* no local de trabalho? Eis algumas sugestões no caso do *bully* ser um colega, no mesmo nível que você:

- Você não precisa aguentar e pode lidar diretamente com ele. Pode enfrentá-lo. Diga por exemplo: "Você não tem nenhum motivo para falar comigo desse jeito. Quero que me peça desculpas."
- Você pode procurar o departamento de recursos humanos.

E se o *bully* for o chefe? Essa é uma situação mais difícil. Pode ser até que o departamento de recursos humanos seja subordinado a ele, de modo que uma queixa pode ser um tiro que sai pela culatra. Se você acusar o *bully* depois do fato, será mais difícil provar a sua validade: caso já tenha sido despedido, vai parecer que está despeitado, desprezando o emprego que na verdade apreciava. Eis algumas formas possíveis de lidar com um chefe *bully*:

- Enfrente-o. Se não fizer isso, as coisas vão piorar. Assim como os *bullies* aterrorizam o pátio da escola, vão aterrorizar o local de trabalho, a menos que você os enfrente. Enfrente-os que eles não poderão fazer nada com você.
- Se o departamento de recursos humanos não for subordinado ao seu chefe, procure-o e registre uma queixa.

Quando o *Bully* é um Subordinado

Como observa Kathy Gurchiek num artigo da *HR Magazine*, os *bullies* podem ser subordinados que vitimam o supervisor. A pesquisa "Managing Conflict at Work" sobre *bullying* no local de trabalho, apresentada no simpósio da Sociedade Britânica de Psicologia, descobriu que 12% das acusações de *bullying* são "feitas contra pessoas que os queixosos supervisionam". E que forma assume esse *bullying*? Alguns exemplos de *bullying* contra um superior são: ignorar instruções, deixar de entregar mensagens, atrasar a entrega de papéis, espalhar mentiras sobre o supervisor. Segundo Gary Namie, cofundador do Workplace Bullying & Trauma Institute, esse tipo de *bullying* tem que ser enfrentado das seguintes maneiras:

- Um gerente novato não pode ficar dizendo que "era assim que fazia na outra empresa", já que isso desafia o *status quo*.
- A diretoria tem que apoiar o combate ao *bullying* porque "o *bully* tem que ser confrontado por um superior pelo menos dois níveis acima do supervisor visado", já que "os *bullies* são sensíveis ao poder e à pressão organizacional".
- O superior de alto nível tem que informar ao *bully* que o seu comportamento será monitorado e que, se o *bullying* continuar, ele será despedido.

E quando o *bully* é alguém com quem você faz negócios? Eis algumas maneiras de lidar com isso:

- Reavalie a importância desse contato. Se puder deixá-lo de lado, faça isso e descubra alguém que não seja um *bully*.
- Se o *bully* for indispensável porque tem o monopólio de algum serviço ou produto, procure delegar o trabalho com essa pessoa a alguém que não se importe com o comportamento dela e possa ter com ela uma relação melhor.
- Não deixe que o *bully* influencie a confiança na sua capacidade de fazer o trabalho.

Estratégia 48
Aprenda a Lidar com a Raiva no Local de Trabalho

Todo mundo perde a calma de vez em quando, mas é melhor lidar com isso fora do trabalho. Ninguém quer ter fama de "cabeça quente". Quando você tem raiva de alguém, os sinais podem ser tão óbvios que todo mundo percebe o que você está sentindo. Você pode ficar com o rosto vermelho, com o coração disparado e como se fosse explodir. Mas há sinais mais sutis, como por exemplo: você começa a tossir mas sabe que não está doente, que é apenas a raiva se manifestando como sintomas físicos. "Não tenho um bom escape para a raiva", diz um executivo de meia-idade.

Eis algumas estratégias para lidar com a raiva que você sente por um colega ou pelo chefe, de modo a evitar o stress de guardar esse sentimento:

- Telefone e desabafe com alguém que seja "seguro", como o seu companheiro ou companheira, um amigo ou alguém fora do ambiente de trabalho.
- Dê uma caminhada ou vá malhar na academia mais próxima.
- Escreva sobre o que sente, mas mantenha os seus escritos em lugar seguro, longe de olhares curiosos.
- Se você se sente à vontade para compartilhar o que sente com a pessoa que está causando a raiva, vá em frente. Tenha cuidado para não culpar o outro: limite-se a expressar o que você sente e por quê.

Estratégia 49
Fique Mais Atento à Violência no Trabalho

Fique atento a tudo o que acontece no trabalho para não fazer parte dos homens e mulheres que sofrem violência no local de trabalho a cada ano nos Estados Unidos (750 pessoas por ano na década de 1980). Mas esse não é um problema só dos Estados Unidos. Em março de 1996, um homem entrou numa escola primária na Escócia e atirou ao acaso, matando uma professora e 15 crianças. O empresário canadense Frank Roberts foi assassinado em 1998 ao entrar no prédio da empresa que tinha fundado, em Toronto.

Como observou Larry Chavez, especialista em violência no local de trabalho, essas estimativas são ainda mais altas quando se leva em conta qualquer violência relacionada ao trabalho, como no caso de motoristas de táxi ou balconistas de lojas de conveniências que são assaltados ou mortos no trabalho. A incidência de violência é menor em ambientes de trabalho mais convencionais, como um prédio de escritórios.

É claro que o terrorismo é um ato de violência que pode ocorrer no trabalho, como no caso de quem estava trabalhando no World Trade Center no dia 11 de setembro de 2001 ou de quem trabalha numa embaixada que é bombardeada em outra parte do mundo. Mas a violência no trabalho mais comum são os atos de violência física, incluindo estupro, assalto, homicídio e roubo.

Não que se deva ficar pensando nisso na hora de se aprontar para ir ao trabalho. Todo mundo deveria poder trabalhar sem temer pelo próprio bem-estar. Eis alguns exemplos de violência no trabalho que colhi em entrevistas ou manchetes de jornais.

- Um funcionário de uma empresa de serviços financeiros estava sendo dispensado, mas teve permissão para usar a sua antiga sala para procurar emprego. No dia seguinte, entrou com um revólver na empresa e atirou no gerente. (Isso foi antes dos ataques terroristas de 11/9 e do incremento na segurança que muitas companhias adotaram. Hoje, muitas têm detectores de metal.)
- Uma agente imobiliária foi encontrar um possível comprador numa propriedade que estava à venda e descobriu que tinha sido enganada, sendo vítima de estupro e roubo.
- Um crítico teatral *freelance* de 23 anos foi acuado por uma gangue quando voltava para casa depois de ver uma peça off-off-Broadway. Foi esfaqueado durante a tentativa de assalto e morreu alguns dias depois.

Esta seção do livro é muito importante porque a divisão de estatísticas do Departamento do Trabalho dos Estados Unidos, no seu levantamento de 2005 sobre prevenção de violência no trabalho, estimou que mais de 70% dos locais de trabalho dos Estados Unidos não tinham uma política formal visando à violência. O estudo descobriu também que 86% dos estabelecimentos pesquisados não tinham uma equipe de segurança. Segundo esse levantamento, quanto maior a empresa, maior a probabilidade de contar com pelo menos uma forma de segurança: 99% das empresas com mais de 1.000 funcionários tinham pelo menos um tipo de segurança, contra 64,9% das empresas com até dez funcionários.

Os casos de violência que incluem assédio, homicídio, roubo ou estupro se enquadram em mais de uma categoria. A primeira é quando você está no local errado na hora errada. Um transeunte entra na empresa e você acaba sendo uma vítima desse estranho/perpetrador. Nessa situação, a principal consideração é se o prédio é ou não seguro e se tinham sido tomadas medidas para impedir a entrada de intrusos capazes de cometer atos violentos.

Considere com cuidado a segurança do local onde você trabalha, especialmente se costuma chegar muito cedo ou sair muito tarde. É preciso ter uma chave ou um código de segurança para entrar no prédio? Há guardas de segurança pedindo a identidade dos visitantes para evitar que entre alguém que não deveria estar ali? Se houver garagem, ela é bem iluminada? Se você precisa sair tarde da noite, há alguém para acompanhá-lo até o carro, o táxi ou o ponto de ônibus, caso você tema pela sua segurança? Há telefones de emergência que ponham o prédio em contato com a delegacia mais próxima — especialmente quando o serviço de telefonia celular não é confiável na área — caso você precise reportar algum comportamento suspeito? A sua empresa oferece treinamento de prevenção ao crime para que os funcionários tenham mais condições de avaliar situações potencialmente criminosas antes que uma violência ocorra?

Isso é o que o seu empregador e os encarregados do prédio onde você trabalha podem fazer. Mas e você? Se algum colega, chefe ou qualquer outro funcionário, fornecedor ou cliente o preocupa, converse com alguém que possa ajudá-lo. Se alguém o ameaçar, bater em você ou puxar uma arma, informe o seu chefe ou o departamento de recursos humanos. Fique atento a ideias homicidas ou suicidas: o fenômeno do assassinato-suicídio sugere que alguém que contempla o suicídio pode primeiro cometer homicídio para levar uma ou mais pessoas consigo.

Esta seção não pretende torná-lo mais paranoico, mas ajudá-lo a ficar mais atento, com menos probabilidade de vir a ser uma vítima. Há quem ache reconfortante a ideia de vítima casual já que, faça você o que fizer, um criminoso pode pegá-lo ao acaso: nada do que você fizer vai torná-lo um alvo menos provável. Há também quem ache reconfortante a hipótese de "mundo justo": desde que você faça o que é certo e justo, é pouco provável que a tragédia se abata sobre você. A hipótese de mundo justo ajuda muita gente a ir trabalhar sem medo de ser baleada por um colega descontente ou roubada por um ex-funcionário desesperado.

A verdade fica a meio-caminho. Mesmo quando o criminoso é um estranho e as vítimas parecem ser escolhidas ao acaso, há sempre alguns sinais indicando se alguém pretende prejudicá-lo. Em geral, os criminosos não querem ser pegos, apesar da ideia central do clássico romance de Dostoievsky, *Crime e Castigo*, em que Raskolnikov é movido pela necessidade de ser pego, já que a sua consciência não lhe permite ficar impune.

No mundo real, os criminosos não querem ser pegos. Os criminosos de carreira, principalmente, querem sair impunes com seus ganhos desonestos. Assim, é mais provável que escolham vítimas mais fracas e não alguém que possa reagir, acabando por levá-los à prisão. Isso significa que um prédio de escritórios com um excelente esquema de segurança tem menos probabilidade de ser alvo de criminosos do que prédios onde a segurança é deficiente. Alguém que anda pelos corredores com uma pasta aberta, em que qualquer criminoso pode enfiar a mão e tirar uma carteira sem muito esforço, tem mais probabilidade de ser visado do que alguém que tenha uma pasta com um zíper coberto por uma aba, dificultando a ação do criminoso que pretende roubar a carteira.

Nada garante que você nunca será uma vítima, mas poderá pelo menos ser um alvo menos provável se ficar mais atento ao entrar num prédio comercial ou num local fechado, como uma garagem ou banheiro, dentro desse prédio. Se alguém lhe parecer suspeito, evite ficar numa situação potencialmente perigosa, em que esteja sozinho com essa pessoa e com poucas chances de escapar.

Entrevistei Robert Gardner, um consultor de segurança da Califórnia que foi policial durante 25 anos. Gardner observa que a atenção é uma das chaves na prevenção da violência no local de trabalho. Diz ele:

"Depois de qualquer tipo de incidente violento num local de trabalho, é muito comum as pessoas dizerem: 'Sabe de uma coisa? Ele estava sempre ameaçando alguém.' Há sempre sinais que permitem prever o que acaba acontecendo. É mais uma questão de atenção do que de qualquer outra coisa. As empresas têm que estar atentas. Têm que treinar os funcionários para que fiquem atentos e informem qualquer coisa que observarem. É preciso denunciar. Um dos maiores impedimentos é que as pessoas não querem se envolver. 'E se eu estiver errado?' Não informam coisas que deveriam informar. É preciso haver um esquema que facilite a denúncia, mesmo que seja anônima. Temem também que fazer uma denúncia tenha algum impacto negativo sobre elas. Podem ser processadas. Podem ser despedidas. Podem ser taxadas de alarmistas pelos superiores. Mas se alguma coisa fosse feita, grande parte dos casos clássicos de violência no local de trabalho não ocorreriam."

Que sinais indicam que um funcionário é "um risco"? Gardner define essas situações em "Preventing Workplace Violence: Management Considerations":

- Mostra instabilidade emocional ou comportamento violento.
- Mostra sinais de stress extremo.
- Passa por profundas mudanças de personalidade.
- Sente-se uma vítima dos superiores ou da organização.
- Faz ameaças ou alude a atos de violência no local de trabalho.
- Mostra sinais de extrema paranoia ou depressão.
- Tem um comportamento inadequado para a situação.
- Mostra sinais de abuso de drogas ou álcool.
- Está envolvido numa situação romântica tumultuada, relacionada ao trabalho.

Gardner me contou que estava trabalhando em Las Vegas no caso de um funcionário folguista de um supermercado, que tinha sido espancado. O caso aconteceu às duas da manhã. No entanto, outros funcionários tinham visto o espancador "agindo com violência do lado de fora, socando uma máquina de Coca-Cola", o que durou mais de uma hora. O espancador arrebentou um carrinho do supermercado e usou um pedaço do carrinho para bater no folguista. Gardner explica: "Esse supermercado não estava em conformidade com a lei de Nevada. Se tivessem treinado o seu pessoal, a situação teria sido resolvida antes de esse cara atacar o folguista."

O que Gardner sugere para quem se vê diante de uma situação violenta no trabalho? "Afaste-se", diz ele. "Saia dessa situação. Se você ficar encurralado numa sala com uma pessoa violenta, o melhor é reagir e esperar pelo melhor."

Contanto que seja legal, Gardner recomenda ter sempre um *spray* de pimenta. Diz ele: "Se você usar o *spray* de pimenta, a pessoa para de atacá-lo. Antes do *spray* de pimenta, tinha gás lacrimogêneo, que não funcionava com todo mundo. Mas o *spray* de pimenta provoca irritação da mucosa de nariz e faz com que a pessoa feche os olhos. E quem não consegue enxergar está em desvantagem."

Gardner enfatiza a eficácia do *spray* de pimenta: "Para passear a pé no Alasca, as pessoas levam *spray* de pimenta por causa dos ursos. Ele provoca uma reação física que não dá para suportar."

Algumas situações que exigem cuidado especial: sair do trabalho tarde da noite e entrar numa garagem escura e isolada.

Gardner diz ter observado que "os pequenos negócios que sofrem uma violência séria no local de trabalho costumam fechar. Um só incidente destrói a empresa". Embora "as grandes empresas consigam superar tais incidentes", o importante é evitar ser vítima de violência no local de trabalho, seja qual for o tamanho da empresa em que você trabalha.

Seguem-se algumas sugestões que podem ajudá-lo a não ser uma vítima de violência no local de trabalho.

- Fique atento.
- Denuncie qualquer coisa que lhe parecer suspeita.
- Tenha cuidado quando chegar ou sair do trabalho tarde da noite.
- Use sapatos que lhe permitam correr se precisar.
- Estacione em áreas bem iluminadas e com algum esquema de segurança, de preferência um guarda.
- Peça ao departamento de recursos humanos que defina uma política para lidar com incidentes suspeitos que sugiram a possibilidade de violência no trabalho.
- Quando o local dá para a rua, é bom ter um sistema para monitorar a entrada de visitantes em vez de adotar uma política de portas abertas.
- Se tiver que trabalhar até tarde ou chegar antes dos outros, veja se alguém pode acompanhá-lo na entrada e na saída ou se um funcionário ou colega pode ir trabalhar no mesmo horário.
- Confie em seus instintos.
- Se você trabalha em casa, não receba clientes quando não houver outra pessoa com você. Se necessário, encontre os clientes

ou fornecedores em locais públicos, como um café ou um restaurante, ou alugue uma sala por hora num prédio comercial com um bom esquema de segurança.

- Se não for ilegal, considere ter com você um *spray* de pimenta.

Larry Chavez, que foi policial por 31 anos, inclusive como negociador em casos de sequestro, sugere mais algumas medidas preventivas: "Há muitos incidentes em local de trabalho relacionados à violência doméstica. Por exemplo, um marido que se separou da mulher e perdeu a guarda dos filhos, vai ao local de trabalho da ex-mulher e acaba atirando nela, em outros funcionários e em si mesmo. É por isso que uma grande empresa internacional da Califórnia não permite em hipótese nenhuma que o marido ou a mulher de um funcionário ou funcionária entre no prédio. Se um marido chega com flores na portaria e pede para levá-las para a mulher porque é aniversário dela, a sua entrada é negada." Chavez sugere também que qualquer funcionário que tenha uma ordem de restrição contra alguém leve o caso ao conhecimento do supervisor.

Quando você começa a trabalhar numa empresa, não deixe de verificar as saídas disponíveis para casos de incêndio ou de um ato de violência iminente. Quando não há uma saída alternativa, Chavez recomenda que seja criada uma sala segura com porta à prova de balas.

A partir de 1966, Chavez estudou 400 casos do que chama de violência "interna" no local de trabalho — ou seja, violência que ocorre dentro do prédio comercial — e são estes os resultados:

- 43,6% envolvem atuais funcionários
- 22,5 envolvem ex-funcionários (que voltam ao local de trabalho)
- 21% são brigas domésticas levadas ao local de trabalho
- 12,5% envolvem clientes

Outra estatística interessante do estudo de Chavez: 95% dos incidentes de violência no local de trabalho são perpetrados por homens.

Estratégia 50
Afirmações que Ajudam a Lidar com Conexões Negativas

E se você não puder abandonar um trabalho, por mais negativo que seja o ambiente? Já falei de Linda, que precisou permanecer por alguns anos num ambiente negativo, até conseguir se aposentar sem prejuízo. Outras pessoas têm funções tão específicas que é improvável que encontrem rapidamente outra oportunidade, ainda mais numa economia difícil. Outras têm uma relação estressante com colegas, chefes ou clientes, mas acham que precisam continuar no emprego mesmo assim, já que atingiram uma idade em que as perspectivas de emprego são menores. Outras ainda acham que trabalhar com colegas difíceis ou com um chefe exigente é melhor do que ficar sem emprego. Há também empresários, consultores ou donos de empresas que têm clientes com quem é muito difícil lidar. No entanto, manter a relação com o cliente pode ser indispensável por razões profissionais ou econômicas, pelo menos naquele momento.

As afirmações a seguir podem ajudá-lo a sobreviver ao convívio com essas relações negativas no trabalho. Você pode ler ou reler essas afirmações logo depois de um incidente estressante — depois de receber um e-mail especialmente cruel, por exemplo — ou pode revê-las de vez em quando para tolerar a situação com mais facilidade.

Estas dez afirmações podem ajudá-lo, mas sinta-se à vontade para acrescentar as suas:

1. Sou um funcionário trabalhador e valioso, com direito a trabalhar num ambiente positivo.
2. Não criei essa situação difícil, mas tenho força e paciência para lidar com ela.

3. Não vou permitir que o meu chefe me mande embora desse emprego antes que eu esteja pronto para deixá-lo, nas minhas condições.
4. Posso lidar com os meus colegas e com o meu chefe e há também a possibilidade de todos eles serem substituídos por outros, com quem seja mais fácil lidar.
5. Não mereço trabalhar em condições negativas e nem conviver com pessoas irritantes, mas mereço ter esse emprego.
6. Tenho o controle da minha reação a qualquer pessoa irritante ou situação exaustiva de trabalho.
7. Estou desenvolvendo a minha resistência ao sobreviver e até mesmo triunfar, a despeito das condições difíceis de trabalho.
8. Dependo deste emprego e não serei afastado sem mais nem menos.
9. Outros dependem do meu emprego, e vou desempenhá-lo da melhor maneira possível.
10. Fico triste pelas pessoas que dificultam a minha vida, mas não permitirei que os problemas delas se tornem meus e arruínem o meu desempenho no trabalho.

Estratégia 51
Beneficie-se do *Feedback* Severo ao seu Trabalho

Receber críticas nunca é fácil. Se alguém o critica ou lhe dá *feedbacks* severos demais, que você tem que aguentar sob pena de perder o emprego, experimente algumas das "técnicas de recuperação" a seguir:

- Respire fundo e deixe para resolver depois a angústia, a raiva e a frustração. Não deixe que a pessoa perceba como o aborreceu.
- Descubra com que tipo de personalidade está lidando (ver Capítulo 2). Isso o ajudará a entender por que essa pessoa desem-

penha tão mal a função de supervisor: assim, você não levará as suas ações para o lado pessoal.

- Ponha o ego de lado e separe os comentários cruéis e mal-intencionados das críticas que podem ajudá-lo.
- Respire fundo e enfrente essa pessoa por telefone, ao vivo ou por e-mail. O que você pode fazer para tornar essa relação mais pessoal e positiva, para que o resultado seja mais construtivo?
- Se você tem que trabalhar com a pessoa em questão num projeto ou no mesmo departamento, anote por escrito a sua meta para essa relação. Não perca de vista essa meta. Deixe de lado as mágoas e os problemas de personalidade para que possa atingi-la, seja ela manter o emprego porque você e sua família precisam dele ou executar brilhantemente esse projeto, para receber créditos e até mesmo um aumento.
- Se a raiva é tão forte que você teme o que pode acontecer caso se veja frente a frente com essa pessoa, embora saiba que isso é necessário para melhorar a situação, peça que um aliado (outro funcionário) o acompanhe no encontro ou que esteja na linha durante a conversa, no caso de uma teleconferência.
- Evite a todo custo enviar um e-mail zangado ou telefonar dizendo qualquer coisa de que se arrependa no dia seguinte. Se precisar "desabafar", escreva no diário ou em algum lugar que possa arquivar ou destruir. Se quiser compartilhar os sentimentos com um amigo confiável, vá em frente, mas *não envie* nada por escrito. E evite falar do assunto com colegas de trabalho que possam usar as suas palavras contra você.
- Lembre-se: não reaja a ataques ou comentários venenosos. Não permita que essa pessoa destrua a sua confiança, o seu projeto ou a sua carreira. Amenize a situação dizendo por exemplo: "Obrigado pelos comentários detalhados. Vou considerar com cuidado todas as suas sugestões e tratar logo que possível de cada questão que você levantou."

- A sua resposta inicial deve ser breve e gentil. Depois, terá tempo para refletir sobre os comentários. No momento, todo mundo está olhando para ver se você consegue aceitar uma crítica ou se vai explodir, jogar a toalha, abandonar o projeto ou cortar relações. Não permita que isso aconteça! Se fizer isso, você perde e a pessoa ganha. No curto prazo, cortar relações com essa pessoa pode parecer bom, mas acabará fazendo mal para você e para a sua carreira. Ainda mais se não tiver outro emprego engatilhado, você ficará sem trabalho e infeliz. Se resolver ir embora, vá quando for melhor para você. Mantenha o controle, mesmo que a pessoa esteja determinada a tirá-lo de você.
- Será que isso reverte a situação a seu favor? Infelizmente não há garantias. Mas você pode ao menos tentar trabalhar com a tal pessoa e conseguir um resultado que seja do interesse de todos, principalmente do seu. Essa pessoa não tem que se transformar no seu melhor amigo. Mas você não pode permitir que ela sabote o seu projeto, a sua reputação ou a sua carreira. Use toda a sua energia para reverter a situação. Você consegue! Tem muita gente do seu lado, mesmo que a tal pessoa não esteja.

Imprima esta lista e guarde-a num lugar à mão!

Estratégia 52
Use a Meditação para Reduzir o Stress

Outra estratégia para lidar com relações negativas é meditar. David Wagner, um educador de Manhattan que ensina meditação por intermédio de sua empresa, a Banyan Education, explica como usar a meditação para lidar com situações difíceis no local de trabalho.

"Quem tem uma forte conexão com o próprio ser, com o eu interior, consegue manter alguma distância nessas situações, de modo a poder decidir: 'Até que ponto eu quero que isso me afete?' Em outras palavras, começa a participar da situação. Observando os meus clientes, vejo que começam a se conhecer e a ver que há uma parte deles que é independente das situações boas ou más. Quando alguém nos trata mal, nós nos sentimos mal. Quando somos infelizes numa relação no trabalho, isso afeta tudo. Há locais de trabalho negativos que é impossível modificar. Mas podemos ter em mente a ideia de que isso não nos afeta, de que não precisamos levar para o lado pessoal."

Estratégia 53

Adeus (Quando Ir Embora é a Melhor Opção)

Mesmo que não possa ir embora imediatamente, pode pelo menos começar a procurar outro emprego. Se quiser ficar até se aposentar, use o seu tempo para planejar a aposentadoria, considerando ativamente o que fará quando estiver livre desse ambiente negativo.

Jill tinha um chefe tóxico e exigente que a tratava mal. Ela aguentou por três anos, mas acabou percebendo que era melhor ir embora do que ser despedida. Assim, conseguiu deixar o emprego no momento mais propício. Os outros dois contadores não perceberam os sinais de alerta e foram despedidos. Como Jill tinha saído por vontade própria, as circunstâncias do antigo emprego nunca foram questionadas e ela conseguiu se ajeitar com trabalhos *freelance*. Os seus ex-colegas, no entanto, tiveram mais dificuldade, já que sempre precisavam explicar por que tinham sido despedidos. Passados três anos, nenhum dos dois conseguiu outro emprego. Um deles, formado numa das melhores universidades do país, vive das suas economias e da generosidade da família e dos amigos. A outra faz alguns trabalhos eventuais, mas engordou 15 quilos e ainda está aborrecida com o que lhe aconteceu. Sair antes que o barco afundasse foi uma estratégia que Jill está feliz por ter usado. Esta é a história de Jill em suas próprias palavras:

Por favor, não use o meu nome. Odiaria que ele visse isto. Inicialmente, ele me achava capaz de fazer milagres. Só que tinha um grave transtorno de personalidade. Era extremamente inseguro e ficava furioso com os erros dos outros, achando que seria ele o prejudicado. Usava técnicas de intimidação com todo mundo, espalhando a infelicidade. Quando cometi um erro, já que não sou perfeita, ele se voltou contra mim e de repente nada do que eu fazia estava certo.

Inicialmente, tentei resolver a situação trabalhando muito, ficando até tarde etc. O meu trabalho sempre tinha sido excelente e era um retrocesso ser agora objeto de críticas e vigilância constante. E o problema é que você começa a se questionar a ponto de perder os parâmetros. No fim, acho que não estava mais fazendo um bom trabalho, já que a minha confiança tinha sido minada. Finalmente percebi que não tinha saída.

Graças a Deus tenho iniciativa e sabia que não ficaria perdida se saísse dali. Anunciei que ia embora durante a avaliação — que ele se ofereceu para mudar quando pedi demissão!!! O que é muito significativo. Mas eu já tinha decidido. Estava infeliz há muito tempo e já tinha entendido que ele era simplesmente nocivo. Mas aguentei mais três meses até que encontrassem quem me substituísse e, quando fui embora, ele me pediu para continuar escrevendo a coluna quinzenal que eu vinha escrevendo — o que continuei a fazer por mais dois anos. Até que — toquem os tambores, por favor — ele foi finalmente despedido (...) porque os funcionários restantes se juntaram para exigir do patrão a sua demissão. Depois disso, já foi despedido de outro emprego, a mulher o deixou etc. Más notícias. Mas a minha única alternativa era pedir demissão — e foi muito bom ter feito isso. Se fosse só pela avaliação ruim, eu sabia que essa era a sua maneira de motivar os funcionários a melhorar. Mas eu tinha sido infeliz no emprego e ele era um tirano. A moral estava incrivelmente baixa naquela seção. Eu ficava torcendo para que ele fosse despedido, mas isso não aconteceu enquanto eu estava lá. Como eu não estava lá há tempo suficiente para ter credibilidade com a chefia, estava com as mãos atadas. Como já disse, foi muito bom ter saído por vontade própria. Dois outros contadores muito talentosos perderam essa oportunidade (...). Mas eu percebi os sinais. Como resultado, não queimei nenhuma ponte, continuei a escrever a coluna e fiz vários *freelances* para a seção de saúde durante muitos anos. Espero que isso ajude.

Quando um chefe é tóxico demais, você precisa saber quando continuar e quando ir embora. Eu fui embora — mas não antes de fazer algumas viagens para Nova York à procura de trabalho etc. Então, a transição do emprego para trabalhos *freelance* foi tranquila. Não estou me gabando. Mas vejo agora que tomei a melhor decisão numa situação intolerável.

Assim, mesmo que você prefira continuar no emprego porque a oportunidade é boa, mas já fez de tudo para melhorar a situação e sabe no fundo do coração que é melhor partir para outra, deixar a empresa pode ser a melhor estratégia. (Ver no Capítulo 10, Construa uma Carreira Melhor, sugestões sobre como usar *sites* de mídia social para restabelecer o contato com ex-colegas e chefes — e conseguir outro emprego.)

Capítulo 9

Trabalhando Sozinho,
Mas Não Isolado

Estratégia 54
Participe de um *Mastermind* ou de Algum Outro Grupo

Há sete anos, Stefan Doering estava atravessando uma rua no Brooklin quando um carro fez uma conversão à esquerda e quase o atropelou. Ele se lembra de se aproximar da janela do motorista para dizer alguma coisa quando, segundo testemunhas, o motorista abriu a porta do carro, saiu e deu um soco em Stefan, que caiu e fraturou o crânio na calçada de cimento.

Stefan não lembra de mais nada, mas as testemunhas disseram que o motorista voltou para o carro e se mandou. Stefan, um empresário de 37 anos, foi socorrido e levado ao hospital correndo risco de morte. Ficou na UTI por seis dias, cinco dos quais em coma. Uma semana depois, recebeu alta do hospital.

A sua primeira lembrança depois do acidente é de três semanas depois, na casa dos pais em Long Island. Estavam dando uma festa, em comemoração por ele não ter morrido. Diz Stefan: "Tinha perdido a visão e a audição. Os médicos não sabiam se eu voltaria a andar."

Mas Stefan, determinado a desmentir os médicos, recorreu ao seu grupo *mastermind*, que é um grupo de pessoas com interesses semelhantes que se reúnem regularmente pessoalmente ou por telefone, para se ajudarem mutuamente a atingir as suas metas. Esse grupo em particular era formado por sete homens e mulheres que se conheceram durante um treinamento intensivo de autocrescimento, que tinha durado seis meses. Depois disso, resolveram se encontrar semanalmente para levar o desenvolvimento ao nível seguinte. Denominavam-se *The Soaring Geese* [Gansos nas Alturas].

"Esse nome foi inspirado nos bandos de gansos que voam numa formação em *V*", explica Stefan. "Como o ganso da frente quebra a turbulência do vento, gastam muito menos energia voando todos na mesma direção. Quando estão voando, os gansos grasnam. Esse grasnar é uma forma de dizer ao ganso da frente: "Eu estou aqui."

"Criei para mim uma meta que nada tinha de razoável", diz Stefan. "Disse ao grupo que não ia apenas voltar a andar, mas que correria 8 quilômetros no Central Park daí a 90 dias."

Um dos amigos mais próximos de Stefan, Rick Macrovich, que também participava do grupo *mastermind* diz: "Nossa reação imediata foi de perplexidade. Achamos que o cara estava louco, que era um otimista ingênuo. Alguém lhe sugeriu estabelecer metas menores e ir trabalhando para aumentá-las. Mas Stefan disse 'não'. Essa era a sua meta e queria o nosso apoio. Acabou nos convencendo a nos aliar a ele."

Outro membro do grupo *mastermind*, a executiva de relações públicas Catherine Saxton, de Manhattan, conta que visitou Stefan no hospital e que o ajudou na fase de recuperação, quando ele teve que aprender praticamente tudo de novo. Diz Catherine: "Stefan sabia que todos nós estávamos empenhados na sua recuperação. O nosso objetivo era nos ajudar uns aos outros nos momentos bons e nos ruins."

Stefan começou a treinar. Diz ele: "Fiquei frustrado muitas vezes mas, sempre que estava prestes a desistir do sonho de voltar a correr, o grupo me ajudava. Antes do acidente, eu corria um quilômetro em sete minutos. Costumava correr 8 quilômetros em cerca de 35 minutos. Mas, depois do acidente, não conseguia correr nem um quilômetro. Procurei o grupo e disse: 'Não vou conseguir de jeito nenhum.' Um deles perguntou: 'Por que você está correndo?' Minha resposta imediata foi: 'Quero provar que os médicos estão errados.' Mas eles continuaram a me perguntar: 'Stefan, qual é o seu *verdadeiro* motivo? Qual é o seu propósito? Qual é o seu compromisso?' A resposta foi: 'Estou correndo porque *posso* correr. Estou correndo porque estou vivo.' Isso mudou o meu propósito. Quando parei de pensar que precisava melhorar o meu tempo, comecei a correr."

Oitenta e sete dias depois de anunciar essa meta "pouco razoável" ao grupo, Stefan estava no Central Park, com 22 amigos, a sua família e os membros do *The Soaring Geese*. "Não sei em que velocidade eu estava correndo, mas isso não importava mais", diz Stefan, que agora dirige a BestCoaches Inc., uma empresa que ajuda a organizar grupos *mastermind*. "Corri os meus 8 quilômetros para surpresa dos médicos. Isso aconteceu seis meses depois do acidente e três meses depois de anunciar a minha meta."

"Fomos almoçar num restaurante mexicano para comemorar a vitória", diz Sue Gilad, que também fazia parte dos *The Soaring Geese* e é hoje uma *coach* financeira. "Eu não tinha dúvidas de que Stefan terminaria a corrida. Era o que ele afirmava e, para o grupo, isso era compromisso."

A história de Stefan é inspiradora e revela o extraordinário incentivo que é gerado quando uma meta é compartilhada. Todos nós precisamos de outras pessoas que nos ajudem a melhorar na vida profissional. Você pode trabalhar num escritório com dezenas de pessoas ou em casa, sozinho com o seu computador. Seja como for, dependemos dos outros para ter sucesso — sejam eles colegas de trabalho, supervisores, chefes, clientes ou fornecedores.

Outros grupos *mastermind* ajudam pessoas que trabalham sozinhas a se sentirem menos isoladas. Louellen S. Coker, presidente da Content Solutions, no Texas, diz: "Tenho uma pequena empresa e o grupo *mastermind* é um dos maiores benefícios da minha participação na WBODC (Women Business Owners of Denton County). Nestes quatro anos do grupo, desenvolvi relações profundas e duradouras com mulheres donas de empresas que de outra maneira nem conheceria. Antes, era só eu na minha empresa e agora tenho cinco funcionários e vários fornecedores (uma mudança que ocorreu basicamente nos últimos dois meses). Essas mulheres me ajudaram a definir a direção que desejo para a minha empresa."

Há muitos tipos de grupos *mastermind*, mas a maioria segue alguns princípios básicos. Uma consideração essencial para todos esses grupos é que tudo o que é dito no grupo (por telefone ou pessoalmente) é confidencial. A frequência é outro ponto: o grupo vai se reunir a cada semana, a cada duas semanas ou a cada mês? (A cada duas semanas ou a cada mês parecem ser as frequências preferidas.) As associações nacionais, com membros espalhados pelo país inteiro, tendem a ser grupos virtuais; as divisões locais ou regionais costumam fazer reuniões ao vivo, se for esse o consenso, por telefone ou uma combinação das duas coisas.

A maioria dos grupos parece concordar que não importa muito o número de pessoas que fazem parte do grupo mas que é melhor não acrescentar novos membros depois que começa a haver uma interação dos membros iniciais, sejam 6, 10 ou 15. (Para entrar uma pessoa nova, é preciso que todos os participantes concordem com a mudança.)

Outra questão básica é se o grupo terá ou não um facilitador, ou líder. No caso do grupo *mastermind* de que participei por cerca de um ano, foi providencial a liderança de Julia Marrocco, que estabelecia a logística das nossas reuniões bimensais com a empresa de teleconferências, enviava lembretes e nos ajudava a compartilhar o tempo e a nos manter dentro do horário programado.

Quem pretende participar de um grupo *mastermind* tem que levar alguns fatores em consideração. Um grupo assim consome tempo e exige energia e foco. Quando um dos membros é competitivo demais, tendendo a abusar do tempo que deveria ser de todos, ou quando ocorre alguma briga, pode haver frustração e descontentamento. Numa situação assim, alguns membros podem ficar com uma impressão negativa de alguém ou do processo *mastermind* como um todo, impressão essa que pode ser difícil dissipar.

Outra consideração: quando o nível de competência dos diversos membros do grupo for desigual, os mais bem-sucedidos podem sentir que não estão sendo desafiados pelos neófitos. Além disso, os participantes de um grupo podem fazer inadvertidamente que alguém siga uma direção errada na carreira ou nos negócios.

Mas os pontos positivos são muito atraentes. Como observa Stephanie Chandler, escritora e palestrante de Gold River, Califórnia: "Desde que formei o meu grupo *mastermind*, aumentei os preços e tenho muito mais clareza sobre a direção dos meus negócios." Rosemaire Rossetti, Ph.D., presidente do Universal Design Living Laboratory, fala do seu grupo por meio da National Speakers Association: "É graças ao meu primeiro grupo *mastermind* que eu e o meu marido estamos construindo uma casa-modelo em Columbus!"

É essencial não ficar desanimado se o grupo *mastermind* que você escolheu não der certo ou se você sentir que o seu atual grupo está superado. Shel Horowitz, escritora e editora, observa: "O primeiro grupo *mastermind* de que participei foi organizado pela unidade local da National Writers Union. Nós nos reuníamos para almoçar em restaurantes próximos e falávamos do nosso progresso e das nossas metas. Com o tempo, as pessoas foram parando de aparecer e o grupo acabou se desfazendo. Mas continuo amiga de algumas pessoas desse grupo."

Associações ou Clubes Pagos de *Networking*

Em vez de participar de um grupo *mastermind*, você tem a alternativa mais estruturada de entrar para uma associação de profissionais com visão semelhante e participar das reuniões da unidade local. Essas atividades são uma forma de compensar a perda de conexões no dia a dia, caso você não trabalhe num ambiente de trabalho convencional. Podem também ajudá-lo a se manter informado sobre o que está acontecendo na sua área de atividade, já que pessoas do país inteiro ou de outras partes do mundo discutem tendências nas conferências anuais ou mesmo nas reuniões da unidade local.

Envolva-se o máximo possível para que a sua participação valha a pena. Se você se limitar a aparecer uma vez por ano na conferência ou mesmo uma vez por mês nas reuniões locais, vai ser difícil formar qualquer vínculo que substitua o de colegas de trabalho. Mas, se você fizer parte de um comitê, terá a oportunidade de entrar em contato com outros membros fora das reuniões, por telefone ou e-mail.

Caso ninguém o convide, ofereça-se para fazer parte do comitê. Todo comitê pode ter mais um membro, a menos que haja regras estritas sobre o número de pessoas que podem fazer parte dele e por quanto tempo. Escolha um comitê relacionado aos seus talentos e interesses, como por exemplo publicidade ou captação de recursos, ou escolha uma área em que gostaria de se desenvolver, como atividades nas redes sociais ou um programa de estágios.

Clubes Pagos de *Networking*

A BNI, Business Networking International, permite que profissionais ou donos de pequenos negócios que trabalham sozinhos se reúnam semanalmente. Há uma taxa anual e as unidades locais têm como regra que os membros não podem pertencer a uma atividade concorrente. Além disso, elas aceitam apenas um agente imobiliário, funcionário de gráfica, operador de vídeo e assim por diante. A cada semana, um dos membros apresenta o seu negócio, de modo que os outros fiquem sabendo o que ele tem a oferecer. Esse tipo de grupo favorece a formação de relações e o desenvolvimento profissional por meio de indicações, com a vantagem de se reunir semanalmente, ao contrário das associações nacionais com unidades locais, que em geral só se reúnem mensalmente. As relações formadas por meio da BNI tendem a se transformar em amizades, mesmo que casuais, graças a essa participação semanal (caso um membro não possa participar, tem que arrumar um substituto para aquela semana).

Outro grupo pago de *networking*, preferido pelos CEOs, é o Vistage, também conhecido como TEC (The Executive Committe), que tem mais de 14.500 membros em 16 países. O Vistage permite que os CEOs se reúnam para compartilhar dificuldades e soluções.

"Para incentivar os membros a falar sobre questões de negócios, não são permitidos concorrentes, fornecedores ou clientes no grupo", diz Linda Swindling, ex-presidente do Vistage em Dallas, que agora faz palestras como CEO sobre formas de negociação. (Uma observação interessante é que presidentes como ela também fazem parte de um dos grupos.)

Na nossa entrevista, Linda deu alguns exemplos de como o Vistage beneficiou os CEOs e outros executivos nos três grupos que facilitou. Ela me falou de um CEO que tinha problemas de saúde. Com a ajuda do grupo, começou a enfrentar esses problemas. Diz Linda: "Ele me disse que isso lhe salvou a vida. Fez a cirurgia que vinha adiando. Havia um outro CEO muito bem-sucedido que tinha ideias para um negócio, que nunca tinha posto em prática. Depois de ouvir um dos palestrantes do Vistage, tirou o projeto da gaveta, iniciou o novo negócio e já teve bons resultados no primeiro ano."

O Isolamento de Quem Trabalha a Distância

Como trabalhar sozinho sem ficar isolado ou desligado do local de trabalho, das outras pessoas da empresa ou da sua área de atividade? É cada vez maior o número de pessoas que trabalham em casa ou por conta própria, seja o tempo todo ou em alguns dias da semana, assim como é cada vez maior a necessidade de contato com funcionários ou cólaboradores espalhados pelo mundo todo. Não é apenas a contratação de funcionários terceirizados na Índia ou em outros países que deve ser considerada. Há também funcionários que, devido a questões de personalidade ou de qualidade de vida, preferem trabalhar em casa, mantendo com a empresa uma comunicação virtual e pouco constante. Isso sem falar das empresas que precisam contratar trabalhadores externos para sobreviver economicamente, por questões de custo ou logística. O número de pessoas que trabalham em casa, afiliadas ou não a uma empresa, continua a crescer. Trabalhar em casa pode ser bom para quem tem filhos ou quer cortar o custo do transporte. Por outro lado, é preciso considerar o que esses trabalhadores podem fazer para não perder o contato com colegas, supervisores ou chefes que trabalham nos escritórios da empresa ou nas próprias casas. Quem trabalha de maneira totalmente independente precisa da ajuda de associações e redes de contato para desenvolver e manter relações profissionais, quebrando assim o isolamento.

Peter Linkow, chefe do grupo de pesquisa sobre "administração de mão de obra externa" do Conference Board de Nova York e presidente da WFD, uma empresa de consultoria, entrevistou gerentes e funcionários em cinco empresas sobre questões-chave, como a administração das relações que surgem com o aumento de mão de obra externa. No relatório "Managing Across Language, Culture, Time and Location", Linkow fala de descobertas que podem ser úteis para quem trabalha fora de um escritório tradicional, seja de maneira ocasional ou permanente. Os *freelancers* e os que têm o próprio negócio também trabalham a distância, com todos os desafios advindos dessa situação de trabalho. A Internet, que transforma a mais local das empresas numa empresa internacional, e a facilidade de acesso à matriz por meio do celular ou do fax, permitem às empresas contar com mão de obra externa, uma realidade que traz benefícios e dificuldades.

Entre as empresas estudadas — Eli Lilly, DuPont de Nemours International, Target Sourcing Services/AMC, Sybase e Bechtel — mais de 80% dos funcionários e gerentes pesquisados trabalham a mais de três horas de distância do escritório, e quase metade trabalham a mais de seis horas de distância.

Uma das descobertas mais intrigantes desse estudo é a noção entre os pesquisados de que o telefone é o meio mais eficaz quando se trata de desenvolver e manter relações profissionais.

Pergunta: qual foi a última vez em que você tomou a decisão consciente de telefonar para alguém em vez de usar o e-mail?

Linkow descobriu que os funcionários e os gerentes que trabalham melhor em equipes externas têm cinco coisas em comum:

1. Encontram-se pessoalmente pelo menos uma vez por ano.
2. Definem regras de acessibilidade.
3. Fazem bom uso de *softwares* que facilitam o trabalho em grupo.
4. Têm apoio suficiente por parte da empresa.
5. Cada um tem funções claramente definidas.

Marilyn Zielinski, vice-presidente de infraestrutura e operações de tecnologia da organização MetLife's Enterprise Technology Solutions, protagoniza um dos estudos de caso que Linkow apresenta no relatório sobre administração de funcionários externos. Zielinski dirige centros de dados nos Estados Unidos, em Singapura e na Cidade do México. O escritório de Zielinski fica em Hartford, Connecticut, mas ela vai à sede da MetLife em Nova York todas as terças-feiras para uma reunião e vai a Rensselaer ou Scranton todas as quintas. Além disso, visita cada unidade internacional a cada quatro meses.

Zielinski segue cinco preceitos para supervisionar seus funcionários externos:

1. Ter um esquema estruturado para as reuniões de pessoal.
2. Pôr as pessoas certas nos lugares certos.

3. Superar barreiras de língua e cultura.
4. Ser acessível.
5. Ter um estilo de administração finamente apurado.

No relatório de Linkow, Zielinski fala detalhadamente sobre cada uma dessas cinco estratégias que lhe permitem administrar duas organizações em dois lugares diferentes dos Estados Unidos, assim como serviços e funcionários em Singapura e na Cidade do México. As reuniões que ocorrem a distância nunca devem ser programadas para o horário de dormir de alguém: esse horário tem que ser sagrado. As agendas têm que ser disponibilizadas com antecedência para todos os participantes. As responsabilidades têm que ser "claramente articuladas" e é essencial não centralizar as coisas nos Estados Unidos, mas compreender e respeitar as outras culturas. Para isso, Zielinski recorre a "pessoas do país para articular os 'deves' e 'não deves' e identificar as questões urgentes".

É preciso estar à disposição das sete da manhã às sete da noite nos dias de semana mas os fins de semana são respeitados, com a exceção dos domingos à noite, já que "a Ásia trabalha no nosso domingo". O seu estilo de administração é compreensivo e acessível. Além disso, ela se encontra pessoalmente com os subordinados diretos quando viaja a locais distantes.

Estratégia 55
Enfrente a Síndrome do Chefe "Sozinho no Topo"

Na nossa entrevista, o executivo de relações públicas Harold Burson falou sobre a solidão no topo quando disse: "Acho que é mais fácil ser socialmente ativo nos níveis mais baixos da empresa do que nos níveis mais altos. Um dos preços que você paga por ser o CEO de uma empresa é abrir mão da maior parte das relações sociais no trabalho. Há uma linha que você não pode transpor."

Será que existe mesmo "solidão no topo"? Anthony Migyanka, de 37 anos, sócio diretor da Mobile Money Minute em Irving, no Texas, observa: "Como CEO de duas *start-ups* que fundei, concordo que às vezes 'a coroa pesa' e que 'é solitário no topo'. O meu conselho para os CEOs: 1. Você pediu e agora conseguiu. Aceite o seu papel e essa relação causa/efeito. 2. Faça um amigo. Encontre um conselheiro, um 'número dois', um amigo ou um terapeuta. Alguém com quem você possa falar. Não dá para guardar tudo dentro de você. 3. Entenda que mesmo tendo amigos e até mesmo tendo um bom 'número dois', você é a força motriz da empresa, que será um reflexo dos seus valores, atitudes e personalidade."

Mark Hamilton, de Vancouver, no Canadá, dirigia uma empresa com 60 funcionários. Dirige agora uma *stard-up*, "Just Ask Baby", com a sua mulher. Diz ele: "A minha primeira lição sobre a solidão de ser um CEO foi compreender *por que* é tão solitário. Depois de entender a verdadeira razão, tudo fica mais fácil. Não dá para ser realmente amigo das pessoas que trabalham para você. Você tem muita influência sobre a carreira delas e sabe que um dia poderá ter que tomar uma decisão boa para a empresa mas ruim para elas. Dito isso, não é daí que vem o verdadeiro isolamento. O isolamento vem do fato de você ser a única pessoa realmente responsável pela sobrevivência geral da empresa. Essa responsabilidade é sua, tenha você cinco funcionários ou cinco mil.

"Aprendi a aceitar que, como CEO, minha função não é ser amado, mas ser respeitado. O desejo de ser amado pode fazer com que você deixe de lado a sua principal responsabilidade, que é com o sucesso da empresa. Na tentativa de fazer as pessoas felizes, você abrirá mão do que é certo para a empresa.

"Para viver com o isolamento, tive primeiro que aceitar que ele é inevitável e provavelmente necessário, e então administrá-lo de uma forma congruente com os meus valores. Ser um CEO é uma função solitária e ingrata e, se você não consegue viver com isso, não aceite o cargo."

Há CEOs que entram para associações ou frequentam reuniões com outros CEOs, mas essa solução não funcionou para Hamilton. Ele descobriu a própria maneira de lidar com o isolamento: "Evito encontros com outros CEOs na nossa área de atividade e, quando o encontro é inevitável, fico calado e só escuto." Durante os anos em que foi CEO de uma empresa com 60 funcionários, ele conversava com a mulher sobre as questões do trabalho para minimizar a síndrome do chefe "sozinho no topo", que atormenta muitos CEOs.

Capítulo 10

Construa uma Carreira Melhor

Estratégia 56

Use as Redes Sociais para Melhorar as Relações no Trabalho

Os *sites* de mídias sociais não são mais coisa só de adolescentes: trabalhadores experientes de todos os níveis usam esses *sites* para desenvolver e fortalecer as suas relações profissionais, assim como para retomar o contato com antigos colegas de trabalho ou para ter acesso a novos contatos de negócios. De que tamanho é esse fenômeno? Em fevereiro de 2009, o LinkedIn.com, o *site* mais popular no âmbito profissional, que começou em 2003, tinha 35 milhões de usuários no mundo todo; o Facebook, que começou em 2004, tinha aproximadamente 175 milhões de usuários e o myspace.com, que começou em 2003, tinha 236 milhões de usuários no mundo todo, embora seja menos usado no âmbito profissional. Em 2006, o twitter.com entrou para o mundo das redes *on-line*: em 2009, tinha mais de 55 milhões de visitantes.

LINKEDIN.COM

O LinkedIn.com é um *site* de mídia social gratuito que foi criado por pessoas que parecem compreender os benefícios do que é conhecido como "contato quente". No contato quente, você aborda alguém com quem tem algum tipo de ligação. Isso é muito distinto do que é conhecido como "contato frio": você pega o telefone e entra em contato com qualquer um, sem uma indicação específica.

Os especialistas em vendas costumavam oferecer muitas dicas sobre contatos frios. No entanto, os especialistas mais modernos recomendam investir em contatos quentes. O LinkedIn.com é perfeito para isso porque você cria um perfil e depois cria uma conexão com alguém ao lhe pedir para fazer parte da sua rede. Se a pessoa aceitar o convite, essa será a sua primeira conexão. Você e essa pessoa estão ligados diretamente. Além disso, você pode pedir a essa primeira conexão que o apresente às suas conexões, de modo que essas conexões secundárias se transformem em conexões diretas.

Essa é a dupla vantagem do LinkedIn.com: conectar-se ou reconectar-se com alguém que você já conhece e depois pedir que essa pessoa o ajude a expandir a sua rede conectando-o com a sua própria rede. Você pode também ler os perfis das pessoas que fazem parte do LinkedIn.com e entrar em contato com alguém com quem você gostaria de se conectar, mas isso é mais difícil e não é recomendado, já que o sistema de indicações ajuda a "quebrar o gelo" e aumentar a probabilidade de você se associar apenas a pessoas confiáveis.

Jake Wengroff conseguiu o seu atual emprego por intermédio de uma amiga da família com quem tinha se reconectado pelo LinkedIn. A amiga lhe falou de uma vaga na empresa onde trabalhava. Por intermédio dessa amiga, Jake se candidatou à vaga e acabou sendo contratado.

Como se sobressair no LinkedIn? Para começar, o seu perfil tem que ser completo. Isso significa incluir uma foto, locais em que estudou, emprego atual e empregos anteriores. Além disso, explique o que está procurando por meio do LinkedIn: retomar contatos, dicas de emprego, demanda de *expertise* ou outras categorias. As recomendações são uma forma de ser notado. Se quiser se inscrever para um emprego por meio do serviço gratuito do LinkedIn, ter pelo menos uma recomendação é uma exigência para concorrer a certas vagas.

Jan Wallen, especialista em LinkedIn e palestrante de Connecticut, que está no *site* desde 2005 e é autor de *Mastering LinkedIn in Seven Days*, observa que o resumo tem que ser interessante e chamativo. Não deve parecer um currículo resumido. Diz Wallen: "As pessoas leem o resumo para conhecer você e não apenas as suas credenciais. Querem contatar alguém de quem gostam e em quem confiam. É aí que você começa a construir confiança. Se gostam do que veem, vão ler as suas credenciais. Se o seu resumo não chamar a atenção, vão passar batido pelas credenciais. Se o encontro fosse em pessoa, o resumo seria como o aperto de mão."

Outra maneira de usar o LikedIn com eficácia, observa Wallen, é editar o perfil público que lhe será atribuído inicialmente, para você acrescentar o seu nome no fim. Depois de editado, inclua esse perfil sempre que enviar um e-mail para alguém: isso ajuda a enviar mais pessoas para o seu perfil LinkedIn, gerando mais conexões.

Jake Wengroff dá uma dica sobre como você pode usar o LinkedIn.com para se destacar à medida que cria a sua reputação como especialista. Na página inicial do LinkedIn.com você verá alguns títulos em letras destacadas: Pessoas, Empregos, Respostas e Empresas. Jake sugere que você vá ao título *Respostas* para saber o que as pessoas estão perguntando. Respondendo às perguntas postadas em qualquer uma das categorias mas dentro das áreas da sua especialidade, Jake está criando uma reputação global de especialista nessas áreas. Estas são algumas das áreas em que é possível perguntar e responder no LinkedIn.com: administração, negócios, viagem, mercados financeiros, internacional, gestão de produto, desenvolvimento pessoal e uso do LinkedIn.

O LinkedIn é gratuito, mas é bom usar sabiamente o tempo aplicado nele. Michael Hughes, um *coach* em *networking* do Canadá, usa o LinkedIn para aumentar a sua rede internacional, já que está de olho num negócio mais global. Ele explica: "O LinkedIn permitiu que eu me conectasse a pessoas da Austrália, da África do Sul e do

Reino Unido. É uma forma de cultivar relações que de outra forma eu nem teria."

Ben Thompson é dono da Studiofluid, uma empresa especializada em trabalho de marca e criação de *sites*. Ele afirma que o LinkedIn "tem sido um recurso muito útil que me permitiu restabelecer o contato com gente que conheci em empregos anteriores, além de gerar uma renda substancial para a minha empresa no último ano. Tem sido uma forma natural de me reapresentar e de criar um ponto de partida para novas relações profissionais".

Rick Brenner lidera uma empresa chamada Chaco Counting e tem mais de 350 conexões no LinkedIn, que usa para ampliar as suas relações profissionais. Ele adverte: "Lembre-se de que o importante são as relações. Você pode ter um milhão de contatos no LinkedIn mas, se não houver uma boa relação por trás, não valerão muita coisa."

Outras dicas LinkedIn a considerar:

- Depois de se conectar a alguém, vá às conexões dessa pessoa e veja se quer uma apresentação. Vá com cuidado e fique atento a quantas apresentações você pede por vez. Vale mais pedir uma ou duas, ao longo de algumas semanas ou meses, do que pedir que a sua nova conexão, que tem por sua vez umas 300 conexões, o apresente de uma só vez a toda a sua rede.
- Cuidado a quem pede novas conexões. Se você for um fornecedor independente com múltiplos projetos sendo tocados ao mesmo tempo, lembre-se de que todos na sua rede receberão atualizações diárias de qualquer modificação no seu perfil, especialmente a sua resposta à pergunta: "Em que você está trabalhando?" Lembre-se de só escrever nesse espaço o que é bom que todas as pessoas da rede fiquem sabendo.
- Atualize o seu perfil de vez em quando para que todos vejam.
- Tenha um perfil completo, incluindo foto, recomendações e informações sobre vida acadêmica e profissional, além dos seus objetivos.

- Mostre interesse pelos outros. Não se concentre só em você mesmo.
- Tenha cuidado para não parecer muito afoito ou interessado apenas em vendas e negócios.
- Lembre-se de que o importante são as pessoas e as relações. Por isso, use o LinkedIn para restabelecer, desenvolver, cultivar ou iniciar relações.

Outra rede social voltada para contados profissionais é a **xing.com**, que tende a ter mais participantes da Europa e de outros lugares do mundo do que dos Estados Unidos. O serviço básico é grátis mas você pode pagar por uma versão *premium*, mais ou menos como no LinkedIn, que também tem serviços pagos.

FACEBOOK.COM

Há algumas pessoas, incluindo eu, que preferem usar o Facebook.com para se conectar com a família e amigos pessoais. Mas há quem use esse *site* para contatos profissionais e *networking*. Para a dra. Wendy Guess, o Facebook a ajudou a expandir as relações profissionais. Ela explica: "Eu buscava mais os negócios e as conexões fora do meu pequeno círculo de amigos. Eu tinha uma lista de amigos com quem trocava e-mails. Então, verificava naturalmente os e-mails de todas as pessoas que conhecia. Tenho um amigo obcecado por computador que me convenceu a experimentar alguns jogos aplicativos do Facebook. Descobri que no jogo — escolhi o jogo Pirates — você cria a sua tripulação, por assim dizer, e vai acrescentando pessoas a ela. Em pouco tempo, estava ligada a pessoas do mundo inteiro e dei mais um passo, levando o jogo às minhas conexões do colegial e da faculdade, o que me incentivou a me conectar a mais gente. Na verdade, as pessoas do meu passado me forneceram os recursos que eu buscava na minha profissão."

Tim Frick, um empresário de 43 anos de Chicago que dirige uma empresa de criação de *sites* chamada Mightybites, disse na entrevista que já dirigia a empresa há uns dez anos quando começou a fazer os sites de mídia social. Diz ele: "Depois de alguns meses, percebi um aumento significativo no tráfego para o *site* e no número de pessoas com quem eu interagia diariamente, principalmente por participar de grupos em vários *sites* sociais e responder/postar perguntas nesses grupos."

Frick continua: "O Facebook é um exemplo perfeito da zona cinzenta entre profissional e pessoal. Metade dos meus 'amigos' do Facebook são pessoais e a outra metade são contatos profissionais. Sempre procurei manter informações pessoais no meu perfil, que não sejam apenas promocionais. Neste ano, por exemplo, a minha empresa fabricou cerveja, participamos de bandas, demos seminários, algumas pessoas atuaram em peças, falaram em conferências, participaram de concursos de cabeleireiros e assim por diante. Algumas dessas coisas estavam diretamente relacionadas aos negócios, mas outras não. No Facebook, não faço muita diferença entre profissional e pessoal: acho que incluir essas informações mostra que somos indivíduos com muitas facetas, que gostam de uma variedade de coisas e com quem é divertido conversar, e não apenas *workaholics* que só querem promover a empresa."

As relações profissionais de Frick, assim como o seu negócio, aumentaram desde que ele se tornou ativo no Facebook e em outras redes sociais. Essas relações profissionais incluem de tudo: pessoas que você nunca encontrou e outras com quem desenvolveu uma forte amizade. Diz Frick: "Há gente que eu nunca vi, mas com quem tenho relações amistosas *on-line*. Por meio dos *sites* sociais, fiz amizade com pessoas que nunca tinha visto antes. Nós nos comunicamos através dos *sites* regularmente, mas escolher entre tantas pessoas pode ser um desafio. Fiz também amizades *on-line* por meio de amigos de amigos do Facebook e algumas delas se tornaram muito próximas."

Frick concorda que o *networking* por meio dos *sites* de mídia social é mais uma forma de interagir, mas não substitui os encontros pessoais. Ele conclui: "Nem mesmo a mídia social substitui totalmente o valor da interação direta. No nível mais básico, precisamos disso. Nós, como seres humanos, precisamos ter contato direto uns com os outros. No final das contas, nem todas as redes do mundo substituem esse contato."

TWITTER.COM

A dra. Wright, já mencionada neste livro, é uma quiropata que se dedica agora em tempo integral ao seu programa a cabo sobre empreendedorismo. É também uma entusiasta do twitter. Diz ela: "Uso o twitter para ter melhores resultados nos negócios." Ela aprova o máximo de 140 caracteres por mensagem, a que os usuários do twitter têm que se limitar: "É quase como treinar as pessoas para a mídia, já que têm que editar as mensagens." Quando o Presidente Barack Obama tomou posse e foi impedido de usar a sua conta no twitter, ele tinha mais de 300 mil seguidores. O Senador John McCain começou a usar o twitter em fevereiro de 2009, chegando a ter mais de 250 mil seguidores um mês depois.

Lola Augustus Brown, uma escritora do Canadá, é outra entusiasta do twitter. Ela diz que o twitter a ajudou a ampliar as suas relações e os seus negócios. No twitter, quase 90% das pessoas com quem ela se conecta são estranhos. No Facebook, ao contrário, quase 90% são amigos com quem ela já se relacionava. Mas ela fez amizade por meio do twitter, com uma outra escritora que mora a duas horas de distância. Como mãe solteira, Brown é muito ocupada e provavelmente não a teria conhecido se não fosse o twitter.

Brown dá um conselho para quem quer ampliar as relações profissionais por meio do twitter: "Não se concentre só nos negócios ou as pessoas deixarão de segui-lo." Ela recomenda: "Para cada quatro mensagens postadas no twitter, só uma deve ser sobre negócios. As outras devem ser sobre a sua vida."

Martin Zwilling, da StartupProfessionals.com, que ajuda empreendedores a planejar seus negócios, é um exemplo excelente do uso do twitter a serviço de metas e relações profissionais. Zwilling conduz os seus seguidores no twitter para o blog da startupprofessionals.com e vice-versa. Os resultados foram incríveis: em menos de dois anos e meio, Zwilling (o seu nome no twitter é StartupPro) já tem mais de 250 mil seguidores!

Como as Redes Sociais Podem Ajudá-Lo a Conseguir um Emprego

Eis um exemplo típico de como o LinkedIn pode levar a um emprego. Jan Wallen, que escreveu um livro sobre o LinkedIn, compartilhou comigo esse exemplo. O marido dela decidiu usar o LinkedIn, já que ela é especialista no assunto. Ele trabalhava na Wang Industries como especialista em tecnologia. Deixou o emprego para trabalhar como *designer* de móveis sob medida. Quando começou a usar o LinkedIn, a primeira pessoa com quem se conectou foi um amigo dos tempos da Wang. Trocaram e-mails e depois falaram por telefone. Durante a conversa, o amigo mencionou que ele e a mulher queriam trocar os móveis da sala de jantar por móveis projetados. Será que daria para ele criar os móveis? Assim, a sua primeira conexão no LinkedIn lhe rendeu um trabalho.

Ben Thompson, que já foi mencionado neste capítulo, conta como o LinkedIn o ajudou a conseguir um novo cliente: "Uma empresa de *design* apresentou um projeto onde eu trabalhava na época. Conheci o fundador/CEO da empresa e trocamos cartões. Cerca de um ano e meio depois, eu o descobri no LinkedIn, o que foi o começo de uma relação vantajosa para os dois lados. Ele está sediado em St. Louis e eu venho fazendo trabalhos de *design* gráfico para ele, do meu estúdio em Los Angeles."

Em 2002, fiz alguns comentários sobre pessoas que perdem o emprego, dizendo que ficam envergonhadas e chegam a se afastar dos amigos porque não sabem o que dizer ou como socializar num momento em que estão sem renda. O *Wall Street Journal* citou alguns desses comentários e eu recebi um e-mail de um cara chamado Chuck, fazendo comentários sobre os meus comentários. Recentemente, quando comecei a trabalhar neste livro, entrei em contato com Chuck e lhe perguntei se ele achava que a situação continuava a mesma ou se tinha mudado. Ele me respondeu dizendo que via mudanças positivas a esse respeito, o que atribui à força dos *sites* de mídia social. Chuck Tanowitz observa:

> Nos últimos anos, vi muita gente perder o emprego e conseguir outro, mas ninguém me pareceu envergonhado por causa disso. Na verdade, as pessoas comentam a procura de emprego no Facebook ou em seus blogs. Até certo ponto, tiram vantagem disso. Por um lado, é um bom assunto mas, por outro, é uma forma de alcançarem o seu público na busca de uma nova colocação. E todo mundo está disposto a ajudar. No passado, era difícil saber o que fazer porque não havia tantas informações disponíveis. Agora, qualquer pessoa pode verificar a sua lista de contatos e dizer, por exemplo: "Bob está procurando uma colocação numa companhia farmacêutica. Conheço algumas pessoas nesse ramo e talvez possa pô-lo em contato com elas."
>
> Essa é uma ideia inspirada na troca: as pessoas sabem que se ajudarem Bob agora, ele poderá ajudá-las no futuro. É claro que essa ideia não é nova, mas antes não havia recursos para efetivá-la. Como telefonar para alguém com quem você não falava há algum tempo e dizer: "Conheço um cara que está pro-

curando um emprego na sua área. Será que você pode ajudar?" Seria uma conversa muito desconfortável. Agora, essas mesmas pessoas o seguem no Facebook e estão ligadas a você no LinkedIn. Em certo sentido, isso significa que estão se abrindo para as conexões. Esses recursos quebram a barreira natural à conversa e a facilitam.

As Tradicionais Referências

Há regras básicas que você deve considerar ao dar ou pedir referências:

Se Você Está Dando Referências

- Se possível, só dê referências de pessoas com quem trabalhou pessoalmente.
- Se você não tem nenhuma experiência direta com a pessoa naquela área, deixe isso claro desde o início.
- Se você tem experiência direta com a pessoa, mas essa experiência não foi positiva, recuse-se educadamente a dar referências. No final de um projeto, funcionários ou fornecedores podem lhe perguntar: "Posso entrar em contato com você se precisar de uma carta de referência?" Essa é a sua oportunidade de ser direto: diga "sim" ou "não". Se for sim, você pode escrever uma referência em branco do tipo "a quem interessar possa" e personalizá-la quando a oportunidade se apresentar no futuro. Assim, poderá ser mais específico já que, meses ou anos depois, é mais difícil lembrar de detalhes potencialmente úteis numa carta dessas. Se a sua experiência com alguém foi realmente negativa, sinalize que você não é uma boa escolha para dar referências.

Se Você Está Pedindo Referências

- Entre em contato com a pessoa que lhe escreveu a carta de referência e faça perguntas detalhadas sobre a experiência que teve com o candidato em questão.
- Qual foi a natureza dessa associação?
- O que foi bom ou ruim no seu desempenho?
- O que você pagou pelos serviços dessa pessoa valeu a pena?
- Você a contrataria de novo?
- Há alguma coisa que poderia melhorar caso a contrate de novo?
- Peça um mínimo de três nomes com informações para contato, para que possa fazer a escolha.
- Como ouviu falar pela primeira vez dessa pessoa? Por meio de uma carta de referências?

Capítulo 11

Recapitulando e Avançando Ainda Mais

Estratégia 57

Incremente o seu Plano de Relações no Trabalho

Leia alguns livros clássicos ou contemporâneos sobre relações no trabalho: *Como Fazer Amigos e Influenciar Pessoas*, de Dale Carnegie, publicado pela primeira vez em 1937 mas ainda um *best-seller*, ou *Never Eat Alone*, do guru do marketing Keith Ferrazzi. Confira outros livros com esse tema geral, como *It's Not Business, It's Personal*, de Ronna Lichtenberg, livros que focalizam aspectos negativos, como *Toxic Workplace*, de Mitchell Kusy e Elizabeth Holloway ou *The No Asshole Rule*, de Robert I. Sutton, ou um aspecto específico das relações no trabalho, como *The Nonverbal Advantage*, de Carol Kinsey Goman ou *Get Your Point Across in 30 Seconds*, de Milo Frank.

Vá a *workshops* sobre relações no trabalho. Se não tiver tempo para isso, faça um *webinário* ou contrate um *coach* de relações no trabalho, se achar que essa ajuda pode ser útil. Se você já vai a um terapeuta ou conselheiro mas ainda tem dificuldades nessa área, não deixe de discutir essas dificuldades nas sessões, e não apenas as suas relações pessoais ou familiares.

Crie um Plano de Relações no Trabalho

No início deste livro, eu lhe pedi que respondesse a 20 perguntas sobre as suas relações no trabalho. Foi o "Autoquestionário sobre

Relações no Trabalho". Volte a essas perguntas e às suas respostas. Agora, faça o teste de novo e veja se as suas respostas mudaram depois de ler este livro.

Com base na revisão dessas respostas e na análise das suas relações profissionais, use esta oportunidade para criar um plano de relações no trabalho para a próxima semana, para o próximo mês, para o próximo ano e para os próximos cinco anos. Faça a si mesmo algumas perguntas. Quem você pretende conhecer ou reencontrar na sua empresa, em outras empresas, na sua área de atividade ou na sua comunidade, que possa ajudar na sua carreira? Se você tem uma relação insatisfatória com alguém no trabalho, o que vai fazer para reverter a situação?

Procure conhecer cada pessoa com quem trabalha regularmente e tenha como prioridade desenvolver uma relação positiva com colegas de trabalho, chefes, fornecedores, clientes ou subordinados. Montar um plano de relações no trabalho, assim como você faria uma lista de metas para um projeto, pode ajudá-lo a atingir tal meta. Então, numa folha de papel, escreva as suas respostas às seguintes perguntas:

- Nos próximos cinco dias, que relações tentarei desenvolver ou reforçar?
- No próximo mês, que relações tentarei desenvolver ou reforçar?
- Nos próximos três meses, quais são as pessoas influentes da minha empresa que tentarei conhecer ou conhecer melhor (no mínimo três pessoas)?
- Nos próximos nove meses, quais são as pessoas influentes da minha área de atividade que tentarei conhecer ou conhecer melhor (no mínimo dez pessoas)?
- Até o final do ano, o que farei para aumentar a minha participação nas associações de que faço parte, como oferecer-me para participar de comitês, escrever para o jornal interno, entrar em

contato com pelo menos 12 membros ou fazer qualquer outra coisa que aumente o valor da minha participação?

- De que atividades profissionais eu participo? Quantas pessoas conheci por meio dessas atividades? Caso precise conhecer mais pessoas, como atingirei essa meta?
- Faça uma lista das 100 pessoas que constituem o cerne da sua rede de relações profissionais. Se elas não chegam a 100, comece com o número que for possível e crie um plano para acrescentar novas relações ao seu círculo profissional, uma pessoa por vez.

Você pode ter começado há cinco ou dez anos com uma boa rede de relações profissionais, mas é bom avaliar e reavaliar essa rede ao menos anualmente. As pessoas mudam para outras empresas, os vínculos enfraquecem, algumas se aposentam, outras se mudam para longe e até mesmo morrem. Os sentimentos podem mudar e as relações, se não forem cultivadas, perdem a força e a importância.

Recapitulando

Como diz Michael Hughes, especialista canadense em *networking*: "No LinkedIn e no Facebook, tenho acesso a 4,3 milhões de pessoas. É ridículo ter acesso a tanta gente quando você já recebe 200 e-mails por dia e é bombardeado com pedidos que exigem o seu tempo e a sua atenção. A coisa perde o impacto."

Então, quais são os desafios que enfrentamos hoje nessa área? Diz Hughes: "Como escolher a quem vamos responder? A necessidade de filtrar as conexões é uma prioridade. A dinâmica humana é hoje mais importante do que nunca por causa de todas as escolhas que temos feito. As técnicas de negócios, as técnicas de relacionamento e as técnicas interpessoais são o fundamento das estratégias para o sucesso. Essa mudança é enorme para quem nunca pensou nesses termos. A minha rede é importante para mim. Ela contém oportunidades, opções, recursos e *insights*."

Infelizmente, somos bombardeados com muitos pedidos por dia e até por minuto: são tantos os pedidos de informação ou os pedidos para entrar em contato com alguém que eles acabam passando despercebidos. Mas não é só o pedido que passa despercebido: é também um ser humano, uma pessoa, um potencial aliado, mentor, fã ou sócio. Você pode achar que os outros esquecem que você não respondeu a um telefonema ou não atendeu a um pedido. Mas e quando acontece com você? Você esquece? Ao fazer isso com os outros, a sua aparente indiferença pode fazer com que um estranho passe a falar mal de você ou que um aliado fique com má vontade. Será que não há um outro jeito de lidar com isso, talvez com um *autoresponder*, assistentes ou estagiários virtuais que possam ajudá-lo com seus e-mails, telefonemas ou correspondência?

Quem tem tempo para tanta socialização quando há tanto trabalho a ser feito? No entanto, seja na vida pessoal, no trabalho ou na carreira, manter relações positivas e estimulantes é uma grande parte do trabalho. Mas nem todo mundo pensa assim. Certa vez, fiz uma palestra sobre relações no trabalho numa empresa de TI. Antes da sessão, conversei com algum dos consultores enquanto comíamos a pizza que a direção tinha oferecido, já que a palestra era na hora do almoço. Perguntei a um dos consultores como eram as suas relações de trabalho e ele me contou que chegava no trabalho às 4h30, quando ainda não tinha quase ninguém, para ir embora o mais cedo possível e evitar assim os colegas. Em vez de ver os colegas como fonte de inspiração, motivação e diversão, ele os via como pessoas a serem evitadas.

Mas há empresas que foram criadas graças a relacionamentos sólidos, como a gigante Microsoft, fundada pelos amigos de infância Bill Gates e Paul Allen, os amigos de escola e fabricantes de sorvete Ben e Jerry e bandas lendárias, como os Beatles e os Rolling Stones.

E os dez colegas de trabalho de uma empresa de seguros em Whitehouse Station, New Jersey, que gastaram US$ 5 cada um na compra de um bilhete de loteria de US$ 50? Bob Space, encarregado da compra, enviou um memorando para os seus nove colegas dizendo: "Ganhamos a bolada!" Os dez ganharam US$ 216 milhões, que se transformaram em US$ 140 milhões depois dos impostos, ou US$ 14 milhões para cada um.

Se ganhar na loteria com os colegas parece um pouco improvável, ter ao menos uma amizade no trabalho, mesmo que seja casual, não exige tanta sorte e está ao seu alcance. Em *A Felicidade não se Compra*, o clássico filme dirigido por Frank Capra, em 1946, o anjo enviado dos céus para ajudar George Bailey a se sentir importante, mesmo com a empresa falida, diz: "Nenhum homem é um fracasso quando tem amigos."

Você aprendeu 57 estratégias diferentes para melhorar as suas conexões no trabalho. É provável que você prefira algumas dessas estratégias que tenham mais a ver com você e com a sua situação específica. Isso depende da sua personalidade, do tipo de emprego que tem ou do que está acontecendo na sua vida no momento.

A seguir, um resumo de dez das estratégias mais importantes:

Estratégia 1: Use uma Linguagem Corporal que Favoreça a Interação.

Estratégia 6: Saiba Lidar com Tipos Negativos de Personalidade.

Estratégia 7: Cultive Relações com Tipos Positivos.

Estratégia 14: Descubra como Fazer com que os Outros Queiram se Relacionar com Você.

Estratégia 27: Reexamine a sua Atitude Diante do Conflito.

Estratégia 31: Enfrente o "Gelo" Antes que Vire Hostilidade.

Estratégia 51: Beneficie-se do *Feedback* Severo ao seu Trabalho.

Estratégia 52: Use a Meditação para Reduzir o Stress.

Estratégia 53: Adeus (*Quando Ir Embora é a Melhor Opção*).

Estratégia 56: Use as Redes Sociais para Melhorar as Relações no Trabalho.

"Boa parte dos negócios são as pessoas", diz Ken Ross, fundador e CEO de um fórum *on-line* para CEOs, chamado Expert CEO. Diz Ross: "Não basta ter capacidade. É preciso saber se relacionar ou interagir com as pessoas, trabalhando efetivamente com colegas, subordinados e chefes. No caso de um CEO, o importante é saber contratar as pessoas certas e mantê-las motivadas."

Para ter sucesso na vida profissional, você tem que ter sucesso com pessoas. Sim, é muito bom ter um amigo ou dois no trabalho e tomara que seja esse o seu caso. Se não, tomara que este livro o tenha ajudado a chegar mais perto disso, se for essa a sua meta. Mas, para a maioria, a amizade não é uma exigência no trabalho. Mas é necessário ter respeito mútuo, assim como uma forte conexão positiva com colegas de trabalho, chefes, funcionários, clientes ou fornecedores — no caso de trabalharem todos juntos num escritório ou no caso de você trabalhar em casa e ter contato com os outros pela Internet; no caso de um jovem de 22 anos no seu primeiro emprego ou de uma pessoa de 61 anos, que precisou interromper a aposentadoria para voltar à força de trabalho. As 40 a 80 horas que você trabalha todas as semanas — exceto quando consegue tirar férias ou ter uma folga nos feriados — serão muito mais gratificantes, estimulantes, produtivas e menos estressantes se você puder contar com relações construtivas e receptivas.

O nosso salário pode pagar as contas, mas são as relações positivas que formamos por meio do trabalho que ficam no nosso coração para sempre.

Bibliografia Selecionada

Bailey, Simon T. *Release Your Brilliance*, Nova York: HarperCollins, 2007.

Bureau of Labour Statistics, United States Department of Labor. "News", "Survey of Workplace Violence Prevention, 2005", liberado em 27 de outubro de 2006.

Carnegie, Dale. *How to win Friends and Influence People*. Nova York: Simon & Schuster, Inc., Pocket Books, 1937, 1964.

______. *Dale Carnegie´s Scrapbook: A Treasury of the Wisdom of the Age*. Organizado; com uma seleção dos escritos de Dale Carnegie. Hauppauge, NY: Dale Carnegie & Associates, Inc., 1959.

Couric, Katie. Entrevista com o Capitão Chesley "Sully" Sullenberger, *CBS 60 Minutes*, domingo, 8 de fevereiro de 2009.

Ferrazzi, Keith. *Who´s Got Your Back?* Nova York: Broadway Business, 2009.

______. Com Tahl Raz. *Never Eat Alone*. Nova York: Doubleday, 2005.

Frank. Milo O. *How to Get Your Point Across in 30 Seconds or Less*. Nova York: Simon & Schuster, Inc;. Pocket Books, 1986.

Gardner, Robert A. "Preventing Workplace Violence: Management Considerations". *The California Labor Letter*, agosto de 1993, pp. 8-11.

Gladwell, Malcolm. *The Tipping Point*. Nova York: Penguin (Back Bay Books), 2002.

Gabor, Don. *How to Start a Conversation and Make Friends*. Edição revista. Nova York: Simon & Schuster, Inc., Fireside Books, 2001.

Goman, Carol Kinsey. *The Nonverbal Advantage*. San Francisco: Berrett-Kohler, 2008.

______. "The Truth about Liars". Postado no blog em http://www.communintelligence, 26 de janeiro de 2009.

Goodman, Michelle. "As Workers Get Ax, Friendships Also Cut". 8 de Janeiro de 2009, http://www.abcnews.go.com.

Gurchiek, Kathy. *HR Magazine*, "Bullying: It´s Not Just on the Playground". Junho de 2005, pp. 40-1.

Hall, Edward. *The Hidden Dimension*. Nova York: Anchor Books, 1990.

______. *The Silent Language*. Nova York: Anchor Books, 1973.

Hallinan, Joseph. *Why We Make Mistakes*. Nova York: Broadway Books, 2009.

Hodgkinson, Tom. "With Friends Like These..." *The Guardian* (Reino Unido), 14 de janeiro de 2008.

Hsieh, Tony. *Delivering Happiness: A Path to Profits, Passion and Purpose*. Nova York: Business One (Hachette), 2010.

Hymowitz, Carol. "Women Get Better at Forming Networks to Help Their Climb". *Wall Street Journal*, 19 de novembro de 2007, p. B1.

Jamieson, Alastair. "Long hours put workers at risk of dementia, according to research into damage to brain". Telegraph.co.uk/health/healthnews/4803218/Long-hours-put-workers-at-risk-of...2/28/2009.

Jansen, Julie. *You Want Me to Work With Who?* Nova York: Penguin, 2006.

Kawasaki, Guy. "Ten Ways to Use Linkedin". http://www.blog.linkedin.com/blog, 25 de julho de 2007.

Kiely, Kathy. "Obama´s Connection, from Trait to Train". *USA Today*, sexta-feira, 16 de janeiro de 2009, p. 5A.

Kusy, Mitchell e Elizabeth Holloway. *Toxic Workplace! Managing Toxic Personalities and Their Systems of Power*. San Francisco: Jossey-Bass (Wiley), 2009.

Lavington, Camille com Stephanie Losee. *You´ve Only Got Three Seconds*. Nova York: Doubleday, 1997.

Leck, Joanne D. e Bella L. Gaperin. "Worker Responses to Bully Bosses". *Canadian Public Policy/Analysa de Politiques*, vol. XXXII, nº 1, 2006, pp. 85-97.

Lichtenberg, Ronna. *It´s Not Business, It´s Personal*. Nova York: Hyperion, 2002.

Linkow, Peter R. "Managing Across Language, Culture, Time, and Location". Nova York: The Conference Board, 2008.

Lynch, Jennifer e Deborah Katz. "Beyond ADR: Integrated Conflict Management Systems", apresentação em PowerPoint.

Mehrabian, Albert. *Nonverbal Communication*. Aldine-Atherton, Illinois: Chicago, 1972.

______. *Silent Messages*, Wadsworth, California: Belmont, 1971.

Montaigne. "Of Friendship" *in The Complete Essays of Montaigne*, pp. 135-44, organizado e traduzido por Donald M. Frame. Stanford, CA: Stanford University Press, 1958.

"No Doubts: Women Are Better Managers". Corner Office: Carol Smith. *New York Times*, 26 de julho de 2009, p. 2.

Ruben, Brent D. e Lea P. Stewart. *Communication and Human Behavior* (5ª edição). Boston, MA: Allyn & Bacon, 2005.

Sorkin, Andrew Ross. "Dealbook: Real Losses Have Nothing to Do With Money". *New York Times*, domingo, 21 de outubro de 2007, p. 8.

Sutton, Robert I. *The No Asshole Rule: Building a Civilized Workplace and Surviving One That Ins´t*. Nova York: Business Plus, 2007.

Tulgan, Bruce. *Not Everybody Gets a Trophy: How to Manage Generation Y*. Nova York: Wiley/Jossey-Bass, 2009.

Wilson, Craig. "Mistakes are like passwords: We all make "em". *USA Today*, 11 de fevereiro de 2009, p. D1.

Yager, Jan. *Business Protocol*. Nova York: Wiley, 1991; 2ª edição, Stamford, CT: Hannacroix Creek Books, Inc., 2001.

______. *Making Your Office Work for You*. Garden City, Nova York: Doubleday, 1989.

______. *Friendshifts: The Power of Friendship and How It Shapes Our Lives*, Stamford, CT: Hannacroix Creek Books, 2ª edição, 1999.

______. *When Friendship Hurts: How to Deal With Friends Who Betray, Abandon, or Wound You*. Nova York: Simon & Schuster, Inc., Fireside Books, 2002.

______. *Who´s That Sitting at My Desk? Workship, Friendship, or Foe?* Stamford, CT: Hannacroix Creek Books, Inc., 2004.

______. *Work Less, Do More: The 14-Day Productivity Makeover*. Nova York: Sterling Publishing Co., Inc., 2008.

Recursos

Sites de Negócios e Rede Social On-Line

Sites de redes sociais que são usados para gerar negócios, criar novos relacionamentos ou para entrar em contato com antigos e atuais colegas de trabalho ou relações comerciais.

www.linkedin.com
www.facebook.com
www.twitter.com
www.myspace.com
www.plaxo.com
www.xing.com
www.classmates.com
www.hi5.com

Organizações, Empresas ou Associações com Redes Pessoais

Clube dos CEO
http://ceoclubs.org

Eventos de Rede para as Pessoas Ligadas às Mídias em Várias Cidades dos Estados Unidos e Internacionalmente

National Association for Female Executives (NAFE)
http:www.nafe.org

National Association of Women Business Owners (NAWBO)
http://www.nawbo.org
Women´s Media Group
http://www.womensmediagroup.org

Austrália

Women´s Network Australia Pty Ltd
P.O. Box, 1723
Sunnybank Hills,
QLD Australia 4109
http://www.womensnetwork.com.au

Solução de Conflitos

American Arbitration Association
1633 Broadway, 10th Floor
New York, New York 10019
http://adr.org

Association for Conflict Resolution (ACR)
5151 Wisconsin Avenue, NW, Suite 500
Washington, DC 20016
http://www.acrnet.org

Existem 22 divisões regionais nos Estados Unidos.

***Bullying* no Local de Trabalho**

Websites e organizações que oferecem ajuda para os casos relacionados ao *bullying* no local de trabalho
The Workplace Bully Institute, WBI
P.O. Box 29915
Bellingham, Wa 98228
www.workplacebullying.org

Trauma no Local de Trabalho

P.O. Box 2873
Wilroad, 1731
Roodepoort, South África
http://www.worktrauma.org.